ちくま学芸文庫

死と後世

サミュエル・シェフラー
森村 進 訳

筑摩書房

日本語版への序文

サミュエル・シェフラー

私は『死と後世』の日本語版の読者の皆さんにいくらかのことを述べる機会をここに持ててうれしく思います。本書の中心的主張は〈われわれ自身の死後も人類が生存することは、通常認められているよりもわれわれにとってはるかに重要である〉というものです。人類が近々死滅するとしたら、たとえそれがわれわれや愛する人々の早死にをもたらさないとしても、われわれには破滅と思われるでしょう。実際それは少なくともある点では、自分自身の死よりも大きな破滅と思われるでしょう。というのは、人類が将来も生存するだろうという確信がなければ、現在のわれわれにとって重要な活動の多くがその意味の多くを失い、価値がはるかに乏しいものになるだろうからです。それと対照的に、自分自身が死ぬことになるという予期は、これらの活動の価値への信頼を通常失わせません。

もしそうだとしたら、それは二つのことを意味します。第一に、私が「価値に満たされた」生と呼ぶもの――価値ある活動への心からの従事によって構造を与えられた生――は、われわれが実感している以上に人類の生存に依存しています。第二に、われわれは人類の生存について、しばしば認識されていないが直接の感情的関わり合いを持っていて、人類が近々死滅すると予測すると深い悲哀を感ずる傾向があります。

この二つの結論はかなり理論的に重大です。たとえばそれは〈人間が行う評価は、重要だが不十分にしか認められていない通時的次元を持つ〉ということを示唆します。われわれが現在存在するものを評価することは、未来に起きるであろう（また、起きないであろう）ことに関する期待に依存しています。さらに、われわれの活動の少なくとも一部が現実に持つ価値は――それらを評価するわれわれの傾向だけではありません――未来に実際に起きることに依存しているのであって、未来に起きることに関する信念だけに依存しているのではありません。それに加えて、第3講で論ずるように、今述べた結論は死に対するわれわれの態度を複雑にするとともに明らかにもします。それはまた、その態度の合理性にも光を投げかけます。

同時にこれらの結論は実践的な意義も持っています。現在人類はその未来へのいくつもの深刻な脅威に直面しています。これらの脅威の多くは、気候変動や核兵器のように人間が作り出したものです。現在生きているわれわれはこれらの脅威を除去あるいは緩和する能力を持っていて、もしそうしなければ、人類の未来はますます不安なものになるでしょう。しかしながら、〈なぜわれわれは、自分たちがもはや存在しない未来の人類に起きることを気にかけるべきなのか？〉と問うことは可能です。たとえば今から百五十年後に人類は死滅するだろうとわれわれが知っていると仮定しましょう。現在のわれわれはなぜそのことを気にかけるべきなのでしょうか？　結局のところ、われわれの誰一人としてその時生きていないでしょう。『死と後世』の議論はこれらの問題に解答を与え、その際に〈人類の命運は現在のわれわれにとっての関心事である――その命運がどうなるかを生きて目撃することがないとしても〉ということを明らかにします。人類の命運がわれわれにとって関心事であるのは、われわれ自身の活動の多くの価値がそれに依存しているからです。それはまた、認識しているか否かにかかわらず、われわれの大部分が、私が別のところで**人類愛** *love of humanity* と呼んだものを持っているからです。この示唆はもっともらしくなく、それどころかばかげているとさえ思われるかもしれません。なぜなら国内的にも国際的にも、衝突と残酷さが人間社会をそれほど顕著に特徴づけるものだからです。しかし私は「人類愛」という言葉によって、直接意識にのぼる暖かい情愛を意味しているのではなく、人類の生存への直接的な配慮の念を意味しています。この配慮の念は、人類が近々死滅するだろうと考えると深い悲哀を感ずるという傾向の中に現われています。

それでもこの主張がまだ驚くべきものだと思われるとしたら、その部分的な原因は、一種の時間的個人主義がわれわれの思考に及ぼしている影響にあります。それは〈人の生の価値と意義は、誕生から死までの間に起きることに完全に依存している〉とみなします。この種の個人主義は多くの現代思想の一特徴ですが、その影響の浸透度は確かに社会と文化によって異なります。しかしながら本書の議論はこう示唆します。――現代生活の中でこの個人主義的傾向が目につき影響力を持っているとはいえ、それでもわれわれの大部分は、いつも意識しているわけではないが歴史主義的感性を持っている、と。この言葉で私が意味しているのは、われわれの生の価値と意義は継続する諸世代の中のわれわれの位置に依存しているとみなす傾向です。われわれは自分自身を伝統主義者であると考えないとしても、暗黙のうちに自分の生と活動を継続する人類史の中に位置づけ、われわれの活動の歴史的な次元をその価値の重要な側面として解釈しています。言い換えれば、われわれは自分の生の現在以外の諸段階との関係においてだけでなく、自分の誕生以前と死後に起きることとの関係においても、自らを時間の中で方向づけているのです。われわれは自分たちが生まれ落ちた歴史的環境によって深く避けがたく影響されているということを知っていますが、その一方では、われわれが評価する活動の多くは、その価値の一部あるいはすべてが死後における他の人々の生存に依存しているので、われわれは現在さまざまのプロジェクトや活動に従事するとき、未来に頼っています。ある仕方で過去に依存し別の仕方で未来に依存しているわれわれは、継続する人類史の中で特定の時点を占めているために、現にあるような人間なのです。『死と後世』は、〈人類史が継続し、人類がその繁栄に資する条件下で無期限の未来にまで生存するということは、われわれにとって重要である――われわれの多くが実感しているよりもはるかに重要である〉という確信をもって書かれました。

目次

死と後世

謝辞

「死と後世」と題された本書のはじめの二講は、二〇一二年三月にカリフォルニア大学バークレイ校で行われた〈人間的価値に関するタナー講義〉で発表されたものである。私はこの講義を行うように私を招待したバークレイ・タナー講義委員会と、援助を惜しまなかったタナー財団に深く感謝する。

私はバークレイでの講義の準備をしている間に、その内容の一部のヴァージョンを発表する機会を持ち、そこから得るところがあった。それらの機会の中には、アイスランド大学における会議、ハーヴァードとUCLAにおける哲学科コロキウム、NYUロースクールにおける〈法哲学・政治哲学・社会哲学コロキウム〉、ロンドン大学ユニヴァーシティ・カレッジにおける〈法哲学・社会哲学コロキウム〉、二〇一〇年秋のNYUにおける私の大学院セミナーがある。また一つのヴァージョンはオーストラリア国立大学の〈二〇一一年ジョン・パスモア講義〉でも発表された。私はバークレイでの聴衆だけでなくこれらの聴衆にも感謝している。その際の有意義な討論のおかげで多くの改善に至った。私はまた、セリム・バーカー、ユージン・チズレンコ、ロナルド・ドゥオーキン、サミュエル・フリーマン、パメラ・ヒエロニミ、デイル・ジェイミーソン、ヒュンソプ・キム、クリスティン・コースガード、ライアム・マーフィー、トマス・ネーゲル、デレク・パーフィット、フィリップ・ペティット、アダム・シェフラー、マイケル・スミス、デイヴィド・ウィギンズに特に負う所が大きい。そして私はモニカ・ベッラー、アグネス・カラード、ルース・チャン、ハンナ・ギンズボーグ、スティーヴン・ゲスト、ヤノス・キス、オルソリヤ・ライク、ジョン・タシオラス、カチャ・ヴォクトにも感謝する。彼らはそれぞれ有益なコメントを書いてくれた。

第3講(「恐怖と死と信頼」)は、元来二〇一一年十月にシカゴ大学で開かれたバーナード・ウィリアムズの業績の遺産に関する会議のために書かれたものである。これははじめの二講から自然に発展したものなので、これら三講は統一的全体をなすように意図されている。私はこの会議に参加するように私を招待したことについてシカゴ会議の組織者ジョナサン・リアに感謝する。第3講のヴァージョンもCUNY、ユニオン・カレッジ、オハイオ大学、ラトガーズ大学、ベルン大学、ペンシルヴァニア大学で発表された。私はそれらの聴衆すべてに、彼らの質問と反論について、またアグネス・カラード、ジョナサン・リア、マシュー・リスター、カチャ・ヴォクト、マーク・ヴンダーリヒに、書かれたコメントについて、負うところがある。

本書に収録されたコメントの四人の寄稿者——ハリー・フランクファート、ニコ・コロドニ、シーナ・シフリン、スーザン・ウルフ——に私が負うところは大きい。私は私の仕事に彼らが払ってくれた時間と注意をとてもありがたく感じている。私は最後の応答の中で彼らが提起した多くの重要な争点に触れたが、疑いもなく限られた成功しか収めていないことだろう。

最後に私はニコ・コロドニに特別の感謝を表明しなければならない。彼は本書にフォーマルなコメンタリーを寄稿するだけでなく、三講のすべてと最後の応答の完成以前の原稿にインフォーマルなコメントを書いてくれた。彼はまた理想的な編集の仕事もしてくれた。本書は彼の効率性と良心と判断力から測り知れない利益を得ている。

サミュエル・シェフラー

二〇一二年十二月

本書の寄稿者

サミュエル・シェフラー（Samuel Scheffler）

ニューヨーク大学哲学科・ユニヴァーシティ教授。専門分野は道徳哲学・政治哲学・価値論。彼の著書・論文は倫理学の中心問題を扱っている。彼はまた平等、ナショナリズム、コスモポリタニズム、寛容、テロリズム、移民、伝統、個人的関係の道徳的意義といった多様なトピックについても書いている。著書には『平等と伝統』（二〇一〇）、『境界と忠誠』（二〇〇一）、『人間的道徳』（一九九二）、『帰結主義の排除』（一九八二）がある。［本書以後、『なぜ未来世代を気にかけるのか?』（二〇一八）を刊行］

ハリー・G・フランクファート（Harry G. Frankfurt）

プリンストン大学名誉教授。著書にはベストセラーになった『ウンコな議論』（二〇〇五）［邦訳・ちくま学芸文庫］、二〇〇四年のスタンフォード大学におけるタナー講義に基づく『われわれ自身を真剣に受けとめ、正しく扱う』（二〇〇六）、『真理について』（二〇〇六）、『愛の理由』（二〇〇四）、『必然性と意志と愛』（一九九九）、『われわれが大切に思うことの重要性』（一九八八）、『悪魔と夢見る人と狂人』（一九七〇）がある。［本書以後、『不平等

論』（二〇一五）（邦訳・筑摩書房）を刊行」

ニコ・コロドニ（Niko Kolodny）

カリフォルニア大学バークレイ校哲学教授。研究分野は道徳哲学・政治哲学。彼は愛、合理性、約束などについて論文を書いている。［最近『ペッキング・オーダー』（二〇二三）を刊行」

シーナ・ヴァレンタイン・シフリン（Seana Valentine Shiffrin）

カリフォルニア大学ロサンゼルス校の哲学教授かつ〈法と社会正義に関するピート・キャメロン教授〉。彼女は道徳の要求、生殖の倫理、表現の自由、約束、契約、不法行為、知的所有権などを含む多様なトピックについて多くの論文を発表している。彼女は二〇一七年にバークレイでタナー講義を行うことになっている［『民主主義的な法』（二〇二一）として刊行」。

スーザン・ウルフ（Susan Wolf）

ノースカロライナ大学チャペル・ヒル校エドナ・J・クリー哲学教授。彼女の著書には、クリストファー・グローと共編のエッセイのアンソロジー『愛を理解する――哲学とフィルムとフィクション』（二〇一三）、二〇〇七年プリンストン大学で行われた彼女のタナー講義に基づく『生における意味とそれが重要である理由』（二〇一〇）、『理性の内部の自由』（一九九〇）がある。［他に論文集『価値の多様性』（二〇一四）がある］

序論

ニコ・コロドニ

ウディ・アレンが言ったとされる言葉があります。「私は自分の作品を通じて不死を達成したいとは思わない。私は死なないことを通じて不死を達成したい。私は同郷人の心の中で生き続けたいとは思わない。私は自分のアパートメントの中で生き続けたい」[1]。このジョークのおかしみは、一部は崇高なメタファー(人々の心の中で生きること)からの突然の下降(アパートメントの中で生きること)にもあれば、一部はアレンの弱気で自虐的な人柄(世界史に残る名誉と高貴な自己犠牲は他の人々に譲るから、自分は戦前に建ったエレベーターもないアパートメントで十分)からも来ています。しかし一番人々のツボにはまるのは、このジョークの持っている荒涼たる世間知で、それは絞首台のユーモア〔ブラックユーモア〕に典型的なものです。人がいくら自分自身を代替物でなだめたり気をそらしたりしようとしても、大切なことは——そしてわれわれはみな内心ではそれを知っているのですが——死なないということに他ならないのです。

本書の中核をなす論文において、サミュエル・シェフラーは〈われわれの状況はそれよりも安堵させるものではないかもしれないが、少なくとも一層複雑である〉と示唆します。アレンのジョークとそれに共鳴する感情が想定しているよりも、自分の死んだ**後に**起きることの方がわれわれ**にとって**一層重要かもしれないし、自分が死な**ない**ことはわれわれ**にとって**一層重要でないかもしれない、というのです。これはシェフラーが、われわれは自分の死後もどうにかして生き続けられるだろうとか、無欲無私になるべきだとかいったことを証明しようとしているからではありません。彼は単純に、われわれが現に評価している対象とわれわれによるその評価が必要としていることとを注意深く反省するよう求めることによって、その主張を行います。

しばらくの間、同郷人の心の中で生き続けるとか作品によって不死を達成するとかいった見込みを傍において、この見込みが前提している一層基本的な期待に焦点を当ててみましょう。それは、あなたの死後も人々は生き続けているというものです。この「集合的後世 collective afterlife」がなかったら、あなたの生は現にそれが有しているような価値で満たされることがありえない、とシェフラーは論じます。そのような価値の中には、あなたが今すぐにアパートメントの中で楽しめるかもしれない日常的な価値もあります（たとえばテイクアウトの中華料理やテレビで見るヤンキースの野球）。そのような価値は、あなたが他の人々の記憶の中に「生き続ける」という壮大な希望とはほとんど無関係です。確かにわれわれは、個人的な不死の代わりあるいは残念賞として集合的後世を求めるならば失望するかもしれません。しかしわれわれは、集合的後世がわれわれの今ここでの限られた死すべき生の意味をどのように支えているかを見逃すべきではありません。それどころかシェフラーは〈自分のアパートメントの中で生き続けたいと願うことは自然だが、この願望はほとんど意味がない〉と示唆します。あなたは自分のアパートメントの中で生き続けて決して死なないかもしれません。それは生物学的には不可能だとしても概念的には可能だと思われます。しかしこれはあなたが望むような生の継続ではないでしょう。それどころか、あなたがそもそも生として認めることができるものでもないでしょう。というのは、あなたの生はその価値に依存しているだけでなく、それが形をとり定義されるためには〈生はいつか終わりを迎える〉という事実にも依存しているからです。

シェフラーは二〇一二年三月にカリフォルニア大学バークレイ校で行われた〈人間的価値に関するタナー講義〉として二部からなる「後世」の講義を行いました。幸運にもその機会には、三人の傑出した哲学者からのコメントもありました。スーザン・ウルフとハリー・フランクファートとシーナ・シフリンです。本書はシェフラーのこのタナー講義のわずかに改訂されたテクスト全体と、その後コメンテイターに対して提供された第三の講義「恐怖と死と確信」を含んでいます。それに続いてウルフとフランクファートとシフリンのコメンタリーがありますが、これは彼らがバークレイで行った論評に基づくもので、主として「後世」に関係します。また本書の編者でありこの序論の筆者でもある私が書いた四つ目のコメンタリーもありますが、これは大部分「恐怖と死と信頼」に関するものです。本書はこれらのコメンタリーに対するシェフラーの回答で締めくくられます。これは個別的な反論への回答に加えて、講義に含まれる一層広い諸観念を拡張して解説しています。[2]

シェフラーの題名の「afterlife 後世」とは、多くの宗教的・神秘的伝統が措定してきた個人的な「life after death 死後の生」ではなく、すでに述べたような、われわれの死後の他の人々の生存という、「集合的後世」のことです。シェフラーはこう問います。そのような集合的後世があるだろうというわれわれの想定は、われわれの生の中でいかなる役割をはたしているだろうか？　本講義への序論ならば、この講義がこの問題に対する従来の取り扱いとどう関係しているかを説明するだろう、と私に期待するのが自然でしょう。しかし彼の問いをこれほど刺激的なものにするのは、いかなる哲学者もこの質問をかつてしたことがないかもしれない、ということです。フランクファートがそのコメンタリーの中で述べているように、これは「かなりオリジナルなものである。……彼は実際上哲学的探究の新しい有望な一領域を切り開いたことになる。この学問分野には最高の精神の多くがすでに三千年近く専念してきたのだから、悪くないことだ」。

新しい問題を提起しているということが部分的には原因になって、シェフラーは既存の諸原理の建設的あるいは批判的な検討によって進むということをしません。その代わりに、最も関心をそそる哲学がしばしばそうするように、シェフラーの講義はわれわれが一連の思考実験を行って、それらに対するわれわれの反応と折り合いをつけるように誘います。「ドゥームズデイ・シナリオ」においては、あなたの死の三十日後に誰もが死んでしまいます。P・D・ジェイムズの小説『人類の子供たち』（二〇〇六年にアルフォンソ・キュアロンによって同じ題名で映画化された［日本公開時の題名は『トゥモロー・ワールド』］）がシェフラーに示唆した「不妊のシナリオ」においては、子どもが生まれなくなります。(3) シェフラーもそう考えているように、これらのシナリオが人を不安にさせるということを見て取るのは難しくありません。しかしそれはなぜでしょうか？　ドゥームズデイ・シナリオにおいて、あなたは若死にするわけではありません。また不妊のシナリオにおいては、誰もがそうでない場合と同じだけ長生きするのです――それほど十分にではないかもしれませんが。ここで人を不安にするのは、人類の終焉それ自体であり、「われわれにとって」見知らぬ人々が生まれてこないということです。

シェフラーの「後世に関する推測 afterlife conjecture」は、このことがもたらす不安がいかに深くて広範であるかに語りかけます。この推測は〈もしわれわれが、自分はこのどちらかのシナリオの中にいて、後世は存在しないということを知ったら、われわれにとって現在重要なものの多くが重要でなくなってしまうだろう〉と言います。われわれはもはやそれらを評価しなくなるでしょう。「評価する」とは認知的・動機づけ的・感情的要素を含んでいます。われわれはそれらの価値への信頼を失い、それらに関与すべき理由が弱まったと感じ、無感動になるでしょう——憂鬱症かアンニュイに襲われたように。

いかなる活動がわれわれにとって重要性を減ずるでしょうか？　最も論争の余地が少なく説明しやすいと思われる例は、もし後世が存在しないとしたら達成されることがない目的や、誰の利益にもならないような目的です。われわれは実験室の中で生物燃料や商業的溶解物の開発のためにあくせく努力する気になるでしょうか——誰もわれわれが始めた仕事から利益を受けない、それどころか完成さえできないとしたら？　また容易に想像できることですが、長期にわたる大きな協同事業に属する目的に対する投資も、同じように掘り崩されそうです——たとえその事業が特定の日付を持った利益を何らめざしていないとしても。この中には文化や宗教や制度などの伝統への参加だけでなく、芸術や文学や知識への寄与が含まれると思われます。またジェイムズの想像するところでは——それは真実味を帯びていますが——後世が消滅すると多くの種類の鑑賞活動や喜びが失われますが、その中にはおいしい食事のような単純な快楽も含まれます。われわれはおそらくドゥームズデイ・シナリオや不妊のシナリオに直面してもやはり苦痛や身体的欠乏や心の苦しみを避けたいと思うでしょう。しかしそれ以外に何がわれわれにとって重要なことになるかは全然明らかでない、とシェフラーは言います。

ウルフとフランクファートは彼らの挑戦的で鋭いコメンタリーの中で、後世がなくても価値は頑強であるとする議論を行います。音楽の鑑賞、絵画を完成させる満足、そして他の人々を今ここでもてなす際に感ずる慰め――これらは人類が未来を持っているというわれわれの期待に依存しているでしょうか？　注意すべきことですが、これらの質問は、後世に関する推測が真であるということをシェフラーほどには確信していない［ウルフャフランクファートのような］人だけでなく、その推測がなぜ真なのかをよりよく知りたいと単純に望む人によっても、修辞疑問としてではなしに問われるかもしれません。シェフラーが与えるいくつかの回答は、思弁的ですが高度に示唆的です。後世が存在しないことは、単純な快楽さえも手が届かないものにしてしまう恐れがある、なぜならこれらの善きものは「全体としての人間の生」の中にしか位置を持たず、「「全体としての人間の生」に関するわれわれのとらえ方は、〈そのような生それ自体が、継続する人類史の中に位置を占めるものだ〉という暗黙の理解に依拠している」からだ、というのです。シフリンは建設的で想像力豊かなコメンタリーの中で、この問題にいくらか異なる角度から接近してさらなる光を当てます。われわれが評価する対象の単なる喪失はそれ自体としてはそれほど痛ましいものでない、と彼女は言います。古い形態は常に消えて新しい形態に取って代わられるからです。するとおそらくドゥームズデイと不妊のシナリオについて特に痛ましいのは、われわれが評価する対象の喪失が恣意的であるということでしょう。芸術や文学や学問などが何の十分な理由もなしに終わってしまうのです。

いずれにせよ、シェフラーは最終的な結論を下そうとはしません――特に、フランクファートの言が正しいとしたら今始まったばかりということになる探究においては。シェフラーが強調していて確かに正しいと思われるものは、注意深く論を進めるということです。われわれが知っている諸価値は、後世に関する多かれ少なかれ既存の無反省的な予測を背景として経験されてきたものにすぎません。ドゥームズデイと不妊のシナリオが直観的な力を持っているということを考えると、われわれはそれらの価値がその予測なしに生き残るとは想定できません。

後世に関する推測は「不死の推測 immortality conjecture」とでも呼べるものと対にされるかもしれません。その推測は〈もしわれわれが、自分たちも自分たちの知っている誰も不死でないということを知ったら、われわれの生は同じように荒涼たるものになるだろう〉というものです。しかしここでは思考実験は必要でありません。われわれは現実にこの実験を行っていて、その結果ははっきりと否定的です。われわれもわれわれが知っている誰も不死でないということを知っていても、われわれは多かれ少なかれ自分の目的追求に自信を持ち、それに投資しています。このことは驚くべき対照を生み出します。あるケースでは集合的後世——われわれが知らない、それどころかまだ生まれてもいない人々の生存——は、われわれ自身あるいは今生きている他の人々の生存の継続よりもわれわれにとって重要だ、ということになるからです。シェフラーの表現では「われわれが知っておらず愛してもいない人々が存在するようになることは、われわれ自身の生存とわれわれが実際に知っていて愛する人々の生存よりも、われわれにとって重要である」。

しかしながらこう反論する人がいるかもしれません。――不死の推測がすでに実験されてきたのと全く同じように、後世に関する推測もすでに実験されてきたのではないか？ その結果もやはりはっきりと決定的ではないか？ 結局のところ、今から何百年も後のことかもしれないが、人類が最終的には死滅するだろうということをわれわれは知っているが、それを知ったからといって、今活動をやめるという反応をすることはばかげていると思われる――。この点で、ウルフはドゥームズデイや不妊のシナリオに直面してさえ絶望すべきでない理性的な根拠がありうると考えています。もし平静さが後世の確定的・最終的消滅に対する正しい反応だとしたら、その想像上の切迫した消滅について、われわれは当初の当惑を改定したらどうだろうか？ しかしシェフラーは、これは人類の最終的な消滅と切迫した消滅のそれぞれに対するわれわれの異なった反応の間の対立を解消する一つの方法にすぎない、と言います。それほど安心させない他の解決も同じくらい合理的であるように思われます。

もし後世に関する推測が正しいとしたら、それは人間の個人主義と利己主義に関する通常の想定を、微妙だが広範囲にわたる仕方で複雑化させる、とシェフラーは言います。それは〈われわれが評価しているものの多くは、たとえ明確に社会的ではなくても、集団に関する暗黙の前提条件に依存している〉ということを明らかにすることで、われわれの個人主義の限界を示唆します。それはまた、〈われわれは他の人々に起きることについて感情が動かされる――たとえその人々がどれだけわれわれから遠く離れているとしても〉ということを明らかにすることで、われわれの利己主義の限界も示唆します。（シフリンのものを除く）すべてのコメントは〈後世に関する推測はわれわれが思っているほど利己的ではないということを示す〉という示唆に何らかの保留を示しますが、多くの哲学上の論争と同じように、ひとたび用語が明確に定義されるとこの論争は決着がつくように思われます。ここでもシェフラーの論点は〈後世に関する推測は、われわれは他の人々に起きることに、われわれが信じているかもしれないよりも**感情的に**依存しているということを明らかにする〉ということです。それは〈われわれは他の人々をもっと気にかけるように**動機づけられている**という意味で、「利己的」な程度が少ない〉ということを必ずしも意味するわけではありません。またそれは〈われわれが感情的に他の人々に依存しているということを後世に関する推測は明らかにするが、その依存は「自己利益的」ではない〉ということを意味しているわけでもありません。極めて粗雑な言い方になりますが、われわれは**自分自身の**生が価値を持ちうるために、他の人々が生きることを必要としているのです。おそらくここで引き出されるべき教訓は、後世に関する推測が明らかにするものは、シェフラーの規約的な意味におけるわれわれの「利己主義」の限界だけではなく、われわれの「利己主義」という**語彙**の限界でもある、ということでしょう。他の人々の命運へのわれわれの関わりは、利他主義と伝統的に対立させられてきた「利己主義」という言葉がとらえるよりも複雑で多様なのです。

「恐怖と死と信頼」は、われわれの注意を人類の未来に対するわれわれの態度から、自分自身の可死性に関する態度というもっとなじみ深い（あるいは、もっと論じられてきた）主題に転じます。自分自身の死に対していかなる態度をとるのが合理的なのか、とシェフラーは問います。ここでもまたシェフラーは、自分の可死性に対するわれわれの態度は極めて逆説的であると考えます。ある意味では、われわれは生きるためには死ぬ必要があります。われわれの生が意味を持つためには、それどころかそもそも生であるためには、生は終わりを持たなければなりません。しかしそれにもかかわらず、われわれが死を恐れるのは不合理ではないのです。

〈不死性はわれわれの生から意味を奪いかねない〉という示唆は完全に新しいというわけではありません。おそらく最もよく知られている例をとれば、バーナード・ウィリアムズがそのエッセイ「マクロプロス事件」[4]の中でそのような主張を行います。しかしながらウィリアムズにとって、しばしばその考えは〈長すぎることになった生は最終的にはその意味を失う〉というものであるように見えます。死が十分に早くやってくればわれわれはその運命から救われるというわけです。しかしシェフラーの論点はもっと根本的です。死の影がささない生は、たとえ「早くから」でも、意味のある生ではないし、そもそも生ではない、というのです。

なぜでしょうか？　それは部分的には、われわれが生涯というものを、多かれ少なかれ一定の長さを持つ一定数の段階——幼年、青年、老年——を通じた進行としてとらえているからです。また部分的には、多くの価値は病気とか危害とか危険といった不利益からの保護あるいは解放の諸形態であるかそれらを含んでいるが、それらの不利益自体は死が見込まれる、ということに依存しているからです。そしてまた部分的には、またおそらく最も重要なこととして、比較し優位をつける判断を伴う評価活動は、希少性、特に時間的希少性という背景がなければ意味を持たないからです。

これらの特徴の中には、死が見込まれなくてもある程度まで存在しうるものがある、と示唆されるかもしれません。たとえば、死ぬことがない人にも苦痛や恥辱の危険はあるでしょう。しかしわれわれが死ぬという事実が、生涯とそこに含まれる善きものに関するわれわれの思考をいかに隅々まで構成しているかを考えると、その示唆をいかに評価すべきかは、そもそも知ることが困難です。シェフラーは後世なき世界における価値に関するウルフとフランクファートの相対的楽観主義に対する返答の中で、〈自分たちが価値を経験してきた文脈から価値が切り離されても、われわれは価値に意味を与え続けることができる〉とわれわれがあまりにも安易に想定することに対して警鐘を鳴らしています。

もしシェフラーが正しいとしたら、永遠の生を望むこと、あるいは決して死なないように望むことは混乱していることになります。永遠に続く生は不可能であり、決して死なないことはわれわれにとって災いです。それはまさに、それが生を奪ってしまうからなのです。それにもかかわらず、この事実を認めてもわれわれの死の恐怖はほとんど和らげられないかもしれません。またシェフラーもそうなるべきだという明確な理由を認めません。実際のところ彼が示唆するところでは、われわれは生きるために死ぬ必要があるにしても、われわれの死の恐怖は、多くの哲学的伝統が認めるよりも深く根強いものなのかもしれません。私が死を恐れるのは、それがわが子の成長を見るといったある特定可能な将来の善を私から奪うからだけではなくて、単純に私の死そのものの性質によるのかもしれません。それはこの恐れを持つ主体それ自体が存在しなくなるということですが、それを恐れるのは不合理でないでしょう。

シェフラーが引き出す諸結論の中で最も驚かされるものは、「後世」に関する諸発見――他の人々の生存に対するわれわれの態度に関するもの――が「恐怖と死と信頼」に関する諸発見――われわれ自身の生存に対するわれわれの態度に関するもの――に対比されたとき最終的に生ずるものです。他の人々は私の死後も生きるだろう、人類は生き続けるだろう、という期待は私が自分の行動の多くを評価するために不可欠だが、私は生き続けないだろう、私の生は続かないだろう、という認識もまた同じように私が自分の行動の多くを評価するために不可欠である、というのです。シェフラーの表現によると、私が必要としているのは「私が死に、他の人々が生きるということ」です。最も抽象的な見方をすれば、価値ある生に関するわれわれのとらえ方は一見すると両立できない要求を行っています。それは終結と持続の両方を必要としています。それは時間的限界を持つ一方で、継続的企てにどうにかして参与もする必要があるのです。この逆説的な結びつきと価値自体をわれわれにとって可能にするもの、それはわれわれが可死的であると同時に社会的でもあるという事実です。私自身の死は私の生涯を意味ある弧（アーク）に曲げますが、その弧はそれが引き継ぐ集合的な歴史を背景として描かれるのです。

この結論は正確には心を慰めるものではないかもしれませんし、私の理解するところでは、シェフラーもそのようには期待していないでしょう。実際のところ、彼が言っているように、この結論はわれわれが持っているとは自覚していなかった弱さや衝突する衝動を明るみに出すことによって、すぐにわれわれを不安にするかもしれません。しかしその代わりに希望もあります。それは、そのような問題の追究は、われわれ自身と他の人々の生存に対するわれわれの複雑でとらえ難い態度をよりよく理解させてくれるだろう、というものです。これはシェフラーの思索とそれが引き起こしたばかりの議論によって十分に実現されている希望です。

注

（1） 最初の文章は Linda Sunshine, ed., *The Illustrated Woody Allen Reader*（New York: Alfred Knopf, 1993), 250 の中に現われる。第二の文章について私は権威ある出典を見つけられなかったが、それを思い出してアレンに帰するのは私だけではない。http://en.wikiquote.org/wiki/Immortality を見よ。

（2） 出版のための草稿の準備はユージン・チズレンコの仕事から大いに助けられた。

（3） P. D. James, *The Children of Men*（London: Faber and Faber, 1992）〔『人類の子供たち』青木久恵訳、ハヤカワ・ミステリ文庫、一九九九年〕.

（4） Bernard Williams, "The Makropulos Case: Reflections on the Tedium of Immortality," in *Problems of the Self*（Cambridge: Cambridge University Press, 1973), 82-100.

死と後世

第1講　後世（第1部）

1

正直を言うと、「後世 afterlife［「死後の生」という意味もあり］」というこの題名は少々ひっかけである。私は今日の多くの人々と同じように――しかし他の多くの人々とは違うが――通常理解されるような死後の生の存在を信じていない。つまり私は個人が生物学的な死の後も意識を持つ存在として生き続けるとは信じていない。その反対に、生物学的な死が個人の生の最終的で不可逆的な終わりだと信じている。だから私がこの講義の中で行わないことの一つは、通常理解されるような死後の生の存在を擁護して論ずることだ。しかし同時に、私は他の人々が私自身の死後も生き続けるだろうということを当然視している。私は地球上の人類の生がいつでもいくつかの別々のルートをたどって突然破局的な終末に至るかもしれないということを確かに知っている。だがそれでも私は、自分の死後も長い間人類が生き続けるということを通常当然視している。そしてこのやや非標準的な意味で、私は後世があるだろうということを当然視しているのである――つまり、私が死んだ後も他の人々は生き続けているだろうということを。われわれの大部分がこのことを当然視していると私は信じているし、この講義の目的の一つは、われわれの生活の中でこの想定が果たす役割を探究することにある。

私が主張したいのは、私の非標準的な意味における「後世」の存在がわれわれにとって大変重要だということである。それはそれ自体としてわれわれにとって重要だし、〈後世の存在は、われわれが気にかけている多くの他のものがわれわれにとって重要であることをやめないための必要条件である〉という理由からも重要だ。あるいは、それが重要だということを私は示したい。もし私のこの主張が正しいとしたら、それは自分自身の死に対するわれわれの態度が持ついくつかの驚くべき特徴を明らかにする。それに加えて私が論じたいのは、〈われわれにとっての後世の重要性は、もっと一般的に、あるものが重要であるとか、われわれにとって大切であるとか、われわれがそれを評価するといったことの中に何が一般的に含まれているかの解明に役立ちうる〉ということだ。最後に、後世の役割は、自分自身についてのわれわれの思考の中で時間というものが有する、深遠だとはいえ捉えがたい影響に光を投げかけ、われわれの生の時間的な次元と折り合いをつけるためにわれわれが用いる様々な戦略を探究する便利な出発点になる。

私が論ずる態度の大部分は、後世に関するものも自分の一生の間に起きることに関するものも、ある意味ではとてもなじみ深いもので、ほとんど当惑させるほどにそうである。私がこの講義の中で言うことの中に、われわれがあるレベルですでに知っていないことはほとんどないだろう。それにもかかわらず、私が論ずるいくつかの態度にはさらなる精査が必要であると私は信ずる。すでに示唆しようとしたことだが、私はそれらの態度について反省することでわれわれ自身について何かを学ぶことができると信ずる。そしてわれわれが学ぶことの中にはわれわれを驚かせるものさえあるかもしれない。

すでに述べたように、私が念頭に置いている態度の中には関連した一群の概念が含まれている。それはあるものを**評価する** *valuing* とか、それを**配慮する** *caring* とか、そのものがわれわれにとって**重要である** *mattering* とか**大切である** *being important* といった概念だ。これらの概念はある点では相互に異なっていて、それらの相違はある目的にとっては意味がある。私は別のところで、評価するという概念を特に検討したので、その概念をどのように理解するかをいくらか述べることから始めたい[1]。このトピックについて書いてきた他の多くの人々と同様、あるものを評価することとそれに価値があると信ずることとの間には重要な相違があると私は信ずる。私見によれば、評価するとは、相互に関連する複数の態度と傾向性の複雑なシンドロームを含んでいて、その態度と傾向性の中には、評価対象に価値があるという信念も含まれるが、それだけにはとどまらない。あるものを評価するということは、その信念に加えて、通常は少なくとも次の要素を含んでいる——すなわち、評価対象に関する文脈依存的な諸感情のまとまりを経験する感受性、これらの感情をそれに値するものとして経験する傾向性、評価対象に関するある種の考慮を、関連する文脈における行為への理由として取り扱う傾向性を含んでいる。そういうわけで、評価するとは、信念と熟慮と動機づけと感情という諸次元にわたる態度的現象なのである。

すでに述べたように、私が言及した他の概念——あるものを**配慮する**とかそのものがわれわれにとって**重要である**、あるいは**大切である**といった概念——は、評価するという概念とも、それら相互とも異なる。それらがどのように異なるかは注意に値するが、私はここではそれに注意しない。ここでの議論の目的にとっては、これらの概念が共有しているものの方がこれらの間の相違よりも重要である。あるいはともかく私はそう想定する。私は時々、評価するということについて今スケッチした説明に依拠するだろうが、文脈が要求すると思われる限り、この諸概念の他のメンバーにも自由に頼るだろう。また私はこれらの概念間の関係を探究することもなければ、それらが相互にどう違うかについて明示的にコメントすることもないだろう。

私は**われわれの**態度のいくつかを探究したいと言った。この一人称複数の代名詞を私がどのように用いるかについて少し述べよう。私は**われわれの**態度とか**われわれが**考えたり感じたりすることについて語るとき、厳格に普遍的な主張を行っているつもりではない。

言い換えれば、文字通り誰もがこれらの態度をとりそうだと主張するつもりはない。私が一人称複数の代名詞を用いるのは、デイヴィド・ルイスが関連した文脈の中で使った用語を借りれば、「待って見てみよう wait-and-see」的な用法としてである。ルイスは価値に関する傾向性理論の彼のヴァージョンを説明する際にこう書いた。

価値判断を行う際に人は多くの主張を同時に行う。それらは強さも確信が持てる程度も様々で、人はどの主張をそうすることができるかを待って見ようとする。私はXが価値であると言うとき、次のことを意味している。――全人類は、あるいはともかく今日は誰もが、あるいはともかく遠く離れた島々の奇妙な人々を別にすれば今日では誰もが、あるいは……、あるいはともかく今ここで話をしているあなたと私は、あるいはともかく私は、Xを評価する傾向がある――。私は一体どれだけのことを主張しているのか？うまく主張できる限りのことを、である。もし私の強い主張が偽であると証明されたとしても……私はやはりもっと弱い主張にとどまるつもりだ。私が反対を受けない限り、あらかじめ退却する必要はない。そしてもし反対を受けたらどれだけ退却する必要があるかを決める必要もない。(2)

少し違う言い方をすれば、われわれの態度を特徴づける際、私は自分自身の態度と、それを共有する他のあらゆる人々の態度を特徴づけているつもりなのである——そのような人々がどれだけいるかにかかわらず。私はそれらの態度が私だけのものだとは考えないが、普遍的に共有されていると主張するつもりもない。だからその点で私はルイスよりも最初から譲歩的だ。実際のところ、私の主張の範囲が限定されているということは私の最初の発言の中に暗黙に含まれていた。私がこれから記述する態度は、第一に、伝統的に理解された後世を私と同様信じていない人々の態度である。私の議論は、そのような後世を実際に信じている人々の態度について何を明らかにするだろうか? それは第2講の最後で簡単に立ち返るトピックである。それまでの間、「われわれの」態度に関する私の議論は、「われわれ」は自分自身の死後も生き続けるだろうと信じていないという想定の下で進む。この限定にもかかわらず、私がこれから述べる態度は十分に普通のものなので興味深いと私は信ずる。

2

あなたに一つの粗野で病的な思考実験をしてもらうようお願いすることから始めよう。あなた自身は通常の長さの寿命を持つことになるが、あなたの死の三十日後、地球は巨大小惑星との衝突によって完全に消滅する、ということをあなたが知っていると想定する。

この知識はあなたの残された生涯の中であなたの態度にどのような影響を与えるだろうか？　さて、あなたはそれに直截に答えるよりも、私がまだ十分な情報を与えていないと抗議するかもしれない。この想像上のシナリオで、われわれはあなたがどのようにしてこのドゥームズデイ［世の終わりの日］の情報を得たと想定すべきなのか？　この秘密を知っている他の人々もいるのか？　それともあなただけがこの破滅的な情報を背負わなければならないのか？　私はそれをあなたに話さなかったが、確かにこれらの問いへの答はあなたの反応に影響を及ぼすかもしれない。私は進んでこれらの点を認めるし、たとえこのストーリーを可能な限り細部に至るまで満たすとしても、私があなた自身の態度について行うようにお願いしている推測が高度に反事実的な——と私は信ずる——状況下のものであるということに変わりはない。そのような推測の信頼性は疑わしいし、いずれにせよ検証できない、とあなたは指摘するかもしれない。すべてその通りだ。しかししばらくお許しをいただきたい。私が与えた記述は僅少で、あなたが与えられるいかなる答も推測の域を出ないが、いくつかのことは相対的に明らかだと思われよう。

私はあなたがどう反応するかをあなたに問うたのだが、少なくとも今すぐあなたに答えてもらおうとは思わない。そう聞いてもあなたは驚かないだろう。その代わりに私は自分自身のいくつかの推測を披露しよう。それらの推測は、あなたや私や他の人々——あの「われわれ」——が今述べたような状況で持ちそうな種類の反応に関するものだ。私のドゥームズデイ・シナリオに直面した場合にわれわれのほとんど誰ひとり持ちそうもないと私が考える一つの反応は、完全な無関心である。たとえば、地球が自分の死の三十日後に破壊されると聞かされたら、われわれのほとんど誰も「それがどうした？　私の死の三十日後までそれは起きないし、私の死を早めることもないのだから、それは私には何ら大切でない。私はそれを経験することがないのだから、私にとっていささかも重要ではない」とは言わないだろう。われわれがおそらくこのように反応しないだろうという事実は、すでにして示唆的だ。それは最小限、われわれが自分の死後起きることのすべてに対して無関心というわけではないということを意味する。自分の死後まで起きない何事かが、それでもわれわれにとって重要あるいは大切だ、ということがありうる。そしてこのことはまた、自分自身の経験以外にもわれわれにとって重要なことがあるということを含意する。われわれにとって重要である死後の出来事は、自分自身の経験に属さないからだ。

これに対して、誰かがこう反論するかもしれない。——死後の出来事はわれわれの経験に属さないが、その出来事に関するわれわれの展望的考慮はわれわれの経験に属する。そしてそのような考慮がわれわれを苦しめるとしたら、その苦しみもまたわれわれの経験に属する——。これは否定できないことだが、論点を外してもいる。それは〈われわれにとって自分自身の経験だけが重要である〉ということを示さないからだ。今考えているケースでは、われわれにとって重要なのは、第一には自分の苦しみではなく——それもわれわれにとって重要かもしれないが――、むしろ予言されている死後の出来事であって、それを考慮することがその苦しみを生じさせるのである。この死後の出来事がわれわれにとって重要でないとしたら、そもそもわれわれが苦しむべきことは何もないことになる。だから私が述べたように、われわれがドゥームズデイ・シナリオに対して無関心ではいないという事実は、自分の死後の出来事が時としてわれわれにとって重要だということを示唆するし、それはまた、自分自身の経験以外のこともわれわれにとって重要だという含意を持つ。この意味で、われわれが無関心ではいられないという事実はわれわれの価値に関する**非体験主義的** *nonexperientialist* 解釈を支持する。それが支持する解釈によれば、われわれが評価するものあるいはわれわれにとって重要なものは自分の経験だけではないのである。(3)

ドゥームズデイ・シナリオに対してわれわれのほとんど誰ひとり持ちそうもないと私が考える別の一つの反応がある。私の思うに、われわれのほとんど誰ひとりとして、地球の破壊が全体として善いことか悪いことかを判断するためにそれがもたらす善い帰結と悪い帰結について熟慮することはないだろう。その理由は、その答があまりにも圧倒的に自明なのでそのような計算を行う必要がないからである、というものではない、と私は思う。むろん地球の破壊が多くの恐ろしい帰結をもたらすということは本当だ。たとえばそれは人間のあらゆる喜びと創造と愛情と友情と美徳と幸福を終わらせてしまう。だから否定できない重大な考慮がマイナスの方に存在する。だがその一方、それは人間のあらゆる苦しみと残酷行為と不正も終わらせることになる。ジェノサイドも拷問も貧困も苦痛もなくなるのだ。確かにこれらの帰結はプラスの方になる。そして少なくとも、マイナスの方がプラスをしのぐということは直ちには自明でない。しかし私の思うに、このシナリオへの反応として差引き計算をして、差し迫った地球の破壊は全体として歓迎すべきものか否かを判断しようとする人はほとんどいないだろう。少なくとも一見したところ、われわれがそのように反応しないという事実は、われわれが評価するもの、あるいはわれわれにとって重要なものに関する態度の中には非帰結主義的次元があるということを示唆する。われわれが評価するもの、あるいはわれわれにとって重要なものは、最善の帰結——それが何であれ——が単に生ずるということだけではないのである[4]。

ここでわれわれの反応についての消極的な特徴づけから積極的な特徴づけに移ろう。第一に、私が言っても安全だと考えるのは、ドゥームズデイ・シナリオに対するわれわれの大部分の反応は、控え目に無味乾燥に言っても、私が深い当惑 profound dismay と一般的に呼ぶものを伴うだろうということである。この表現は表層的な代用語的特徴づけとして意図されているにすぎない。疑いもなく、それはもっと特定された一群の反応を含んでいる。これらの反応の多くは、自分が愛する特定の人々の死や大変大切に思っている特定の事物の消滅あるいは破壊と関係しているに違いない。ここで言う「事物」は、物理的対象だけでなく制度や実践や活動や生活様式のような社会的形式も含む広い意味で理解される。

われわれは生きている間を通じて、自分が愛する人々の突然の死や深く評価している事物の突然の喪失あるいは破壊に対して、悲嘆などの苦しみの諸形態をもって反応する。自分が大切にしているどんな特定の人あるいは事物にせよ、われわれはそれが近々突然失われるという思いには同じように反応せざるをえない。

われわれがこれらの反応を持つという事実は、われわれが評価するものに対して持つ態度の**保守的**次元を明らかにする。それはすでに述べた非体験主義的次元と非帰結主義的次元と共存しているものである。一般的に、われわれは自分が大切にしている人々や事物がうまく行く flourish ことを望み、自分にとって重要なものの破壊に無関心ではない。実際、あるものを評価することとその維持あるいは保全を欲することとの間には、概念的関係に近いものがある。われわれが生きている間には、これはあるものを評価することとその維持あるいは保存を自分自身で行うように行動すべき理由を認めることとの間の、同じように密接な関係として現われる。ドゥームズデイではない通常の条件下において自分自身の死を考えることの痛切さの一部は、自分がもはやこれらの理由に応えることができなくなるということにある。われわれは自分にとって重要なものの維持や保全に自分で手を貸すことができなくなるのだ。むろんわれわれは生きている間に、自分の死後他の人々がこれらのものを保全あるいは維持することになる手段をとることができる。たとえば遺言や遺贈という手段は、それらの手段が自分にとって重要な人々や事物の維持を助けようとするわれわれ自身の行為者性の範囲を死後にまで拡張しようとする機会を与えてくれる——あるいは与えてくれるように思われる——ということが大きな理由で、われわれにとって重要なのである。それに加えて、われわれの諸価値を死後も保全することを確保しようとしてわれわれがとる最も手の込んだ巧妙な手段の中には、われわれが個人としてではなく集団としてとるものがある。私は後でそれについてもっと詳しく述べよう。しかし未来における他の人々の行動に今影響を及ぼす手段をとることを別にすると、われわれが実際にできるのは〈自分にとって最も重要なものがどうにかして保存あるいは維持されることを望む〉ということしかないのだが、ドゥームズデイ・シナリオはそのような希望をすべてかき消してしまう。このシナリオに直面する人にとって感情面の帰結は深遠なものになるだろう。

自分が愛し大切に思う特定の**人々**の予測される破滅に対するわれわれの反応の中には、価値に関する今述べたばかりの一般的な保守主義に加えて、もっと特定されたものが含まれている。それは私が述べたシナリオの特徴で、〈自分自身の死の三十日後に生きている自分の愛する人々のすべてが、突然暴力的に早死にしてしまう〉ということである。このことが予期されるだけでわれわれは恐怖と不安でいっぱいになってしまう。別の言い方をすれば、破壊されるのが自分の愛する人々**だけ**で、それ以外の人々や事物がすべて生き残るとしても、われわれは恐怖と不安でいっぱいになるだろう。実際、われわれの反応のこの次元が強力すぎるために、他のいくつかの次元を認めることが難しくなってしまうかもしれない。その理由から私はこの議論をしばらく後回しして、ドゥームズデイ・シナリオに対するわれわれのもっと一般的な反応にもう少し集中したい。

3

私はこれまでのところ、地球の破壊が目前に迫っていることを知ったらわれわれは悲嘆と苦しみという反応に導かれるだろうとしか言わなかった。しかしわれわれはまた、それはわれわれのその後の動機づけや生き方の選択にいかなる影響を与えるか——与えるとして——も考察しなければならない。われわれは現在のプロジェクトと計画にどの程度コミットし続けるだろうか？　われわれが現在従事していることはどのくらいまだ追求に値すると思われるだろうか？　単純に考えると、われわれにとって重要性が小さくなるかもしれないプロジェクトや活動がたくさんありそうだ。これによって私はいくつかのことを意味している。第一に、われわれがそれらに従事すべき理由がもはやそれほど重要とは思われなくなるかもしれない。極端な場合、われわれはそのような理由を何ら認めなくなるかもしれない。第二に、それらへのわれわれの感情的投資が弱まるかもしれない。たとえば、それらに従事することを考えてもあまり熱心になったり興奮したりしなくなるかもしれないし、その従事を妨げられてもあまり苛立たしく感じなくなるかもしれないし、それが順調に進んでいるようでもあまりうれしくなくなるかもしれないし、その反対に順調に進まなくてもあまり失望しないかもしれない、等々である。極端な場合、われわれはそれらに対して感情面で超然となる、あるいは無関心になる、ということがあるかもしれない。第三に、それらの活動が従事するに値するというわれわれの信念が弱まり、極端な場合には全く消え失せてしまうかもしれない。

いかなるプロジェクトと活動がわれわれにとって重要性が少なくなるか、それを確信することは難しいし、疑いもなく個々人の反応の仕方には興味深い相違がある。しかしながら一見したところ、われわれの態度におけるそのような変化を受けるとかなり明らかに思われる、いくつかの種類のプロジェクトや活動がある。代表的な例として、癌の治療法の発見というプロジェクトをとってみよう。このプロジェクトは少なくとも二つの理由から態度の変化を受けると思われる。第一に、このプロジェクトが最終的に成功するのはかなり先のことになると理解されている。今日最も成功している研究さえも、不確定な未来にようやく治療法に至る――もし至るとして――長い道のりの第一歩にすぎないかもしれない。ドゥームズデイ・シナリオは未来を切断することによって、そのような治療法の発見を起きそうもないものにしてしまうのである。第二に、このプロジェクトの一次的な価値は、最終的に癌を治療してそれがもたらす死と苦しみを予防できるようにするという見込みにあるのだが、ドゥームズデイ・シナリオは、たとえ治療法がすぐに発見されたとしても、その治療法がもたらす利益はごく限られた期間にしか得られないということを意味する。これらの状況の下では、そのような研究に従事しようという科学者たちの動機づけはかなり弱くなるかもしれない。このことは、もし（a）プロジェクトの最終的な成功が、ある程度遠い未来にならないと望めないかもしれないか、あるいは（b）プロジェクトの持つ価値が、長期にわたる多数の人々にもたらすであろう利益から導き出されるとしたら、そのプロジェクトは特別に態度の変化を受けやすいだろう、ということを示唆する。癌の治療法のプロジェクトは両者の条件を満たすので弱体である。だが少なくとも片方の条件を満たすプロジェクトや活動は他にも多い。たとえば科学やテクノロジーや医学の多くの研究にはそれがあてはまるし、多くの社会的・政治的活動もそうだ。社会制度の建設や改革や改良を目ざす多くのプロジェクトもそうだ。新しいビルディングの建設や社会の物理的インフラストラクチャーの改善や環境の保護のためのプロジェクトもそうだ。疑いもなくあなたは自分自身で他の多くの例をあげることができるだろう。

ドゥームズデイ・シナリオが他の種類のプロジェクトに及ぼす影響はそれほど明白ではない。たとえば多くの創造的・学術的プロジェクトは癌の治療法の発見といった明白な実践的目標を持っていないが、それでもやはり何らかの種類の、現実のあるいは想像上の聴衆や読者を想定して行われる。ドゥームズデイ・シナリオは聴衆がすぐに消滅するということを意味しないが、とても長い間は存在しないということは意味する。それでも美術や音楽や文学のプロジェクトは行う価値があると思われるだろうか？　人文分野の学者は基礎研究に従事する動機づけを持ち続けるだろうか？　歴史家や理論物理学者や人類学者は以前と同様にやっていくだろうか？　あるいはそうかもしれないが、答は明白ではない。

私が論じてきた種類の、人間活動のルーティン的でない種類の活動だけが、その訴えかける力を弱めたり失ったりするわけではないかもしれない。たとえば生殖活動を考えてみよう。人々はもし自分の子どもが自分自身の死から三十日もたたないうちに死ぬと知っていたら、それでも子どもを持とうという気になるだろうか？　そうなりそうもない。だがそうなりそうもなかったら、彼らはまた子育てに関連する、生活を変える多様な活動に従事しようという気にもならないだろう。それと対照的に、ドゥームズデイ・シナリオによる影響を受けることが最も少なそうに思われるプロジェクトと活動は、個人的な慰安と快楽に関するものだ。しかしその条件下における慰安と快楽が何であるかは完全には自明でないかもしれない。

結論として、もしわれわれがドゥームズデイ・シナリオに直面したら、多くのタイプのプロジェクトと活動はもはや追求に値しなくなると思われるだろう。さてここで〈これらのプロジェクトと活動の魅力は、自分自身の死を考えるだけでは、同じようにして失われることがない〉ということに注目すべきである。人々は自分の生きている間には癌研究の一次的な成果が達成されないだろうということを認識していても、喜んでそれらの活動に従事する。それでも、もし私の議論が正しいとしたら、もし彼らが自分の死後地球の破壊のために何ら成果が達成されないだろうと思っていたら、これらの活動に従事しようという動機づけは弱まるか完全になくなってしまうだろう。言い換えれば、多くのプロジェクトと活動がわれわれにとって有する重要性は、自分自身の死の予期によっては減少しないが、他の誰もがすぐに死んでしまうという予期によっては減少するのである。そうすると、後世という言葉によってわれわれが自分自身の死後における地球上の人類の生命の継続を意味するとしたら、〈ある重要な意味において、われわれにとって後世の存在は自分自身の存在の継続よりも重要である〉という結論を避けるのは難しいと思われる。われわれにとって後世の存在が自分自身の存在の継続よりも重要なのはなぜかというと、前者はわれわれにとって重要である他の事物の条件だからだ。この後世が存在するという信頼がなければ、現在われわれの生活の中でわれわれにとって重要であるものの多くは、全然重要でなくなるか、それほど重要でなくなるだろう。

むろん、われわれの活動が今われわれにとって重要であるために因果的に必要なものはたくさんある。たとえば大気の中に酸素がなかったら人は生きていないから、われわれにとって今重要なものは存在しなくなる。同じようにして、〈われわれの食事の中で、あるミネラルが不足したら、われわれは自分の活動の価値への確信を失うかもしれない〉ということも想像できる。しかしわれわれはそこから〈そのミネラルは他の事物がわれわれにとって重要であるための条件なのだから、われわれ自身の将来の存在よりも重要である〉という結論を下すことはない。だが後世の存在への確信に関するポイントは、それがわれわれにとって今重要である他の事物の因果的条件であるということだけではない。地球上の生命の存続は、そのミネラルとは違って、われわれにとってそれ自体として重要なことである。またミネラルの欠乏と違って、地上の人類が近々消滅するということは、われわれにとって他の事物もまた大して重要でなくなる**理由**と感じられる。人類が消滅することになるというわれわれの確信は、他の事物がわれわれにとって重要でなくなることの因果的原因にすぎないわけではない。

この点の意義は過小評価しやすい——少なくとも、癌の治療法を発見しようといった目標追求的プロジェクトに関しては。ドゥームズデイ・シナリオに直面した人々にとってそのようなプロジェクトがそれほど重要でなくなるということは本当だが、それは単に、達成不可能だと判明した目標の追求が無意味あるいは非理性的であるからにすぎない、と思われるかもしれない。癌がもたらす苦しみと死を減少させるという目標はドゥームズデイ・シナリオの下では達成不可能になるから、癌研究への従事は道具的な意味で非理性的になる。道具的合理性に関するこの自明の理は、人々がドゥームズデイ・シナリオにおいてそのようなプロジェクトをもはや追求する価値がないとみなす理由を説明するには十分なものだ。しかしこれはこの例の意義を誤って解釈している。あるプロジェクトの目標が達成不可能であると一たび知られたら、人々がそのプロジェクトへの関心を失うということは確かに意外でない。しかしながら意外かもしれないのは、人々が自分の生前に達成されるとは期待していない目標をしばしば喜んで追求するという事実である。別の言い方をすれば、ドゥームズデイ・シナリオが光を当てるのは、自分の生きている間にプロジェクトが成功裏に終了すると期待できないときでさえわれわれがそのプロジェクトを行うに値するとみなす、その程度である。この例に関して重要なこと――それは、この例が実践的熟慮における道具的合理性のなじみ深い役割について明らかにしてくれることではなくて、われわれが自分の死後になってようやく達成される目標を追求するために道具的合理性を用いようとするという事実について明らかにしてくれることである。

4

すでに述べたように、私はここまでドゥームズデイ・シナリオとそれが明らかにする後世への一般的な態度に焦点を合わせてきた。しかし今や私はそのシナリオの一特徴に対するわれわれのもっと特定された反応を考えてみたい。つまり、それがわれわれが愛したり大切に思っていたりするあらゆる人の突然の同時の死を含んでいるということである。これらの反応の力のため、ドゥームズデイ・シナリオに対するわれわれの他の反応を見失ってしまうかもしれないので、私はこれまで後世に対するもっと一般的な態度のいくつかを同定するために、前者の反応を棚上げしてきたのだった。だが私はこれらのもっと特定された反応に戻って、それらの反応がここまで明らかになってきた一般的な像に何を加えるかを見てみたい。この目的にとって顕著なドゥームズデイ・シナリオの特徴は〈自分が愛していて自分の死後三十日は生きている人の誰もが、その時突然死亡する〉ということだ。この予期に対するわれわれの強力な反応はわれわれ自身について何を語るだろうか？

われわれの反応の中には自明で直截と思われる要素がある。われわれは自分の愛する人々が早死にすることを望まない――自分が生きて彼らの死を見届けるか否かにかかわらず。われわれは彼らとその福利を深く気にかけるのであって、彼らの福利の悪化が自分にもたらす影響だけを気にかけるのではない。これはわれわれが持つ価値と関心の非体験的次元の一例にすぎない。それだから、〈自分が愛していて自分自身の死後三十日はまだ生きている人々がその時突然に多かれ少なかれ早死にするだろう〉という認識は恐ろしい。そのことは十分明らかだ。だがわれわれの反応にはこれ以上のものもある。この論点に接近する一つの方法は〈自分が大切に思う人々の少なくとも一部が自分の死後も生き続けるということは、なぜ自分にとって重要なのだろうか？〉と問うことだ。大部分の人々は、もし自分の愛する人の誰もが自分よりも前に死ぬとしたらそれは悪いことだとみなす、と私は理解している。われわれの中には自分の友人や自分の愛する人々のすべてよりも長生きしたいと希望する人はほとんどいない。それはなぜか？

私の思うに、この問いにはいくつもの答があって、ここでもまたそのいくつかは直截であるように見える。今述べたばかりの早死にに関する考慮は大きな役割を果たす。もっともわれわれが自分の大切に思う人々の一部よりも先に死にたいという選好は、自分も彼らもともに十分長く生きてきたためにいずれの死ももはや若死にとは言えないとしても、やはり存続するかもしれない。それとは別種の考慮は、〈もしわれわれが自分の愛する人々よりも先に死ねば、彼らの方が先立った場合に自分が受けるであろう苦しみと悲しみを受けずにすむ〉というものだ。同じようにして、彼らに先立たれた後で感ずるかもしれない孤独感・空虚感・喪失感を感じずにもすむだろう。自分の方が先に死んで、これらの不愉快さをすべて経験するのは彼らである方が、われわれにとってはずっと善いことだ。われわれは彼らをとても愛してはいるが、このようにして苦しむのは自分自身であるよりも彼らであることをわれわれは望む、というように思われる。

それと関連して、ここには損失最小化の原理のようなものが働いているのかもしれない。自分自身の生命を失うのは十分に悪いことだが、われわれはそれについては何もできない。自分の死という一つの最終的な喪失が避けられないということを前提すると、われわれはそれに加えて自分が大切に思う人々のそれぞれの死を経験しない方がよい。彼らとの別離が自分自身の死という一つの大きな災厄の中に単純に「包み込まれる」方がよいのだ。これは本質的には、個人的な災厄を効率的に組織化することである。

しかし何か別のことも働いていると私は思う。われわれが死ぬ時に、自分が愛し、価値ある人格的関係を持っている人々が生きているとしてみよう。そのときわれわれの死の一つの効果は、それらの関係が断ち切られるということだろう。一見奇妙に響くかもしれないが、人の死がこの種の関係断絶を含むという事実にはわれわれにとって望ましいこと、あるいは少なくとも慰めになることがある、と私は考える。その断絶自体が望ましいとか慰めになるというわけではない。むしろ、自分の死がそのような断絶を含むという思いが、自分の想像する未来との関係に影響を与えるのである。ある人の死亡時に、その人が価値ある人格的関係の大きなあるいは小さなネットワークの中の参加者であって、その人の死はこの人をそのネットワークから切り離すことになるとしてみよう。するとこの事実は後世、すなわち自分の死後の未来に関するその人の理解に影響を与えうる。ある意味で、それはその未来に対する本人の反応を人格化［個人化］する。未来は単純に不存在ののっぺらぼうの永遠として現われるのではなく、自分が社会的アイデンティティを保持している進行中の社会的世界に言及して概念化されるのである。人は自分が死後人々との関係を再開すると想像するだけで、その社会的世界の中の自分を想像することができる。未来の人々の方は存在し続け、その人のことを思い出し気にかけ続けるだろう。多くの人々は自分がこの世からいなくなったら単純にすぐ忘れられてしまうだろうと恐れているようだが、その必要はない。実際意外なほど、〈記憶されていないということが、「いなくなる」ということの本当の内容である〉と多くの人々は感じているようであり、それに応じて、遺された人々は故人を忘れてはならないという強力な命令をしばしば感じている。人は自分が忘れられるという恐れに直面しても、自分との関係を評価して自分の死後も生き続ける他の人々がいるという事実のおかげで、〈自分は未来の社会的世界の中に位置を持っている――たとえ自分の死という不都合な事実のために現実にはその位置を利用できないにせよ〉と感ずることができる。未来の世界は、いわば自分が早いうちに退席したパーティに似てきて、見知らぬ人々の会合のようにはならないのである。

私が今述べたような態度はばかげている、あるいは非理性的である、と反論したくなるかもしれない。――死は実際に最終的なものだ。そしてその最終性は、人が忘れられようが記憶されようが大きくも小さくもならない。忘れられることではなくて死ぬことこそが、「いなくなる」ということの内容である。いずれにせよ、かりに人がしばらくの間は思い出されるとしても、その記憶は消え失せ、思い出す人々自身もすぐに死んでしまうだろうから、われわれのことを個人的に覚えている人が誰一人いなくなるのは時間の問題にすぎない――。しかしこれらの反論は論点から外れている。一つには、私の目的はわれわれの態度が理性的であると示すことではなかったからだ。だがもう一つには、これらの態度が非理性的だという主張は、まさに私が批判を試みた種類の体験主義に基づいていると思われるからだ。ところが事実は、われわれが大切に思う他の人々が自分の死後も生き続けているということはわれわれにとって実際に重要であり、少なくともしばらくの間記憶されるということもまたわれわれにとって重要なのである。これらのことが重要であるのは、部分的には、すでに論じたように、それが未来に対するわれわれの関係を人格化することを助けるからだ。われわれがドゥームズデイ・シナリオにあれほど強く反応する一つの理由は、それが未来に対するわれわれの関係を耐えがたいまでに荒涼としたものにしてしまうからだ。われわれは自分自身が自分の死後の未来の一部ではないという考えに慣れているが、ドゥームズデイ・シナリオにおいては、われわれは自分の愛する人々も誰一人として未来の世界の一部ではないという事実と和解しなければならない。そしてその事実は、すでに示唆したように、未来それ自体を一層よそよそしい、恐ろしい、空虚なものにする。たとえドゥームズデイ・シナリオが避けられて、われわれの愛する人々がみな平常の寿命を持てると確信できても、もしわれわれが理性的ならば未来は同じように空虚なものに見えるだろう、などと反論しても無駄である。人々がいずれ近々死ぬということを前提したら、われわれは彼らの生存になぜ慰めを感ずべきなのか、と反論者は問う。しかしこれらの態度を非理性的であるとする反論者の視点は何の特権も権威も持っていない。自分が大切に思う人々の一部が生き続けるということは、われわれをして未来と和解させることができる事柄の一つだ。そのような反応においてわれわれが何ら推論の誤りや誤った信念に依拠していないとしたら、それを批判する根拠は曖昧である。

私はここで子どもについて何か言っておくべきだ。自分自身の死後も生き続けることを自分が望む人々との価値ある関係への参加が、自分の死後の未来に対するわれわれの態度を変える、と私は論じてきた。人々はそのような人々との関係を重視するし、わが子を失うことは人にとって起きうる最も深刻な打撃の一つである。そのことを説明するたくさんある理由の一つは、未来との人格化された関係を求める気持ちである。しかし私は子どもをこの議論の中心に置くことをわざと避けてきた。なぜなら私の思うに、未来との人格化された関係を求める気持ちは子どもを持つ人々だけに限られるものではないし、子どもとの関係だけがそのような欲求を満足させる人格的関係の種類でもないからである。物事を進化心理学の用語で考えがちな人々は、〈人々が自分自身の死後生き続ける生物学的な子孫を持つように動機づけられる理由をそれらの用語で説明することはごく容易である〉と指摘するかもしれない。しかしながら私の議論の目的にとってこれらの説明は二重の意味で無関係である。なぜなら第一に、人格化された未来との関係への欲求を満たすことができる諸関係は、自分の生物学的な子孫との関係に限られるものではないからだ。また第二に、私が関心を持っているのは、われわれがこの欲求を持っているという事実と、それが他の人々に対するわれわれの態度にどう関係しているかに限られているからだ。その欲求を進化論的に説明できるとしても、それはわれわれがこの欲求を持っていないとかその欲求が本物ではないとかいったことを示すわけではない。それはちょうど、われわれが持っている認知能力の進化論的説明が、われわれがそれらの能力を持っていないということを示したり、自分の子どもへの愛情の進化論的説明が、それは本当の愛情ではないと示したりすることがないのと同じである。

ここで一休みして、私のこれまでの議論を要約しよう。第一に、ドゥームズデイ・シナリオに対するわれわれの反応は、価値づけという人間の活動の一般的特徴のいくつかに光を当てる、と私は論じてきた。私はこの活動の非体験主義的・非帰結主義的・保守的次元に触れてきた。われわれは最善の帰結が生ずることだけを気にかけているのではなくて、自分が評価している事物が時間を通じて維持され保存されることを実際に望んでいるのである。第二に、後世はわれわれにとって重要であり、それも複数の仕方で重要である、と私は論じてきた。自分の死後起きることはわれわれにとってそれ自体として重要であり、それに加えて、後世が存在するだろうという確信は、われわれにとって今ここで重要である他の多くの事物の条件なのである。第三に、ドゥームズデイ・シナリオは時間に対するわれわれの態度、特に未来との自分の関係を人格化しようとする衝動に光を当てる、と私は論じてきた。

5

さてこれらの予備的結論を拡張しよう。すでに述べたように、死は価値に関するわれわれの保守主義にとって脅威になる。われわれは自分が評価する事物の保全と維持を助ける仕方で活動したいのだが、死はわれわれのそのような活動の終わりを印す。これもまた述べたように、死はわれわれの時間との関係に問題を提起する。われわれは未来との関係を人格化したいのだが、未来の大部分においてわれわれはもはや生きていない。私はすでに、われわれが個人としてこの二つの問題にどのように対処しようとするかについていくつかの示唆を行った。前者のケースでは、われわれは自分がまだ生きているうちに、他の人々が自分の死後それらの価値を維持するように行動することを確保する手段をとる。後者のケースでは、自分の死後も生きていてほしいと望む人々との価値ある人格的関係に参加することが、自分の死後の未来に対するわれわれの態度を変えるのである。

これらの対応は重要だが限界も持っている。多くの人々は集団ベースの対応にも参加することによってその限界を補う。人々が自らの価値を保全し維持する最も重要な方法の一つは、たとえば、それらの価値をそれ自体が支えている伝統への参加である。伝統というものは、すでに別のところで述べたように(5)、評価されるものをいかなる個人あるいは集団の寿命よりも長く保全することを組織的目的とする人間的実践だ。それは評価されるものを保全しようという深い人間的衝動をまさに満たすために人間が発明した、多世代にわたる協力の企てである。人は自分が抱懐する価値を有する伝統に寄与することで、自分が評価するものの時間を通じた存続を確保しようとする。伝統というものはそれ自体で存続すると保証されているわけではないが、繁栄している伝統は、典型的にはいかなる一個人よりも、価値の保全のための大きな資源と、極めて多様な種類の資源を持っている。だから諸個人は自分がコミットしている価値を体現している伝統への参与によって、それらの価値の存続を確保するために自分自身で個人的に寄与することができるのだ。それに加えて、諸個人は自分自身が仲間の伝統主義者と一緒に、未来世代に将来引き渡されるべき価値の管理人であると考えることもできる。この意味で伝統への参加は価値に関するわれわれの自然な保守主義の表現であるだけでなく、われわれの後に来る人々に対する、**価値に基づく関係**を達成する方法でもある。われわれは自分の後継者たちを、自分の価値の共有者として、そして自分自身を、いつか彼らのものになるであろう価値の管理責任者として、考えることができるのである。(6)

未来との自分の関係を人格化しようとするわれわれの努力は集団に基礎を置く形をとることもある。特定の諸個人——少なくともその一部は自分より後まで生きているだろうとわれわれは希望する——との価値ある人格的関係への参加に加えて、多くの人々は共同体あるいは国民という集団に帰属してそのメンバーシップを評価する［価値づける］が、彼らはその集団のメンバーの大部分を個人的には知らない。しばしば彼らにとっては、これらの集団が自分の死後も存続するということが重要だ。実際一部の人々にとって、その共同体あるいは部族あるいは人民あるいは国民の存続は自分の愛する人々の生存と同じくらい——あるいはほぼ同じくらい——重要である。同じようにして、彼らが個人として亡くなった後もその集団が存続するだろうという予期は、自分の愛する人々が生き続けるだろうという予期と全く同様に、未来との関係を人格化するのに役立つ。後者の予期と対照的に、集団の存続は自分が人格的に記憶されるということを意味しないにしても、やはり人は自分が未来の世界の中で社会的アイデンティティを持ち続けていると想像することができる。いずれの場合においても、これは人が自分の死後も現実に生き続けるという間違った信念を含んでいない。それは単に〈現実と違って自分が生き続けるとしたら、その世界の中で社会的にくつろげるだろう〉と考えるのを可能にするだけである。もしこの私見が正しいとしたら、これは多くの人々にとって驚くほど強力で慰めになる発想だ。それは、少なくとも社会的に言えば未来の世界は全くの異質な地ではないという安心を与える。われわれは脱魔術化した世界に生きていると言ったマックス・ウェーバーは正しかったのかもしれないが、[7]私の信ずるところでは、魔術の欠如に耐えられる、それどころかそれを歓迎する人々でさえ、その多くは脱人格化された世界という将来には悩まされ、それを阻止しようとしている。未来に対する自分の関係を人格化しようとする、集団に基礎を置く戦略は、特定の諸個人の生存だけに依存するのと比べていくつかの明確な長所を持っている。自明のことを言うようだが、集団というものはいかなる単独の個人よりもずっと長い生命を享受できるからだ。

私は死が提起する二つの異なった問題を解決するために人々が用いる、集団に基礎を置く解決法を別々に述べてきた。その二つの問題とは、自分の持つ諸価値の保全という問題と、未来との人格化された関係の設立という問題である。しかし発見方法上の目的を別にすると、この二種類の解決を相互に独立したものとして考えるのは人工的だ。なぜなら両者は非常に大きな程度まで重なり合っているからである。前者の問題の解決に役立つ価値持続的伝統それ自体が人々の共同体によって維持されなければならず、後者の問題の解決に役立つ共同体あるいは国民の集団は、通常一群の価値への共有された忠誠心によって統一されている。だからどちらかの解決法を利用する際にわれわれが作り出そうとしている未来は、その住民がわれわれにとって最も重要なコミットメントのいくつかをわれわれと共有している未来である。逆に言えば、われわれが自分にとって重要な共同体あるいは国民の集団の存続を確保しようとする際に作り出そうとしている未来は、われわれがその集団の他のメンバーと歴史的に共有してきた価値が存続する未来である。その程度において、保守的な衝動は、過去へのある態度を体現するものと考えられるのが自然ではあるが、それはまた未来への人格化された関係を作り出そうとする衝動でもあらざるをえない。最終的にはいずれの解決法も、自分の死が提起する一見克服できない諸問題にもかかわらず自分自身と自分の価値の統一性・完全性を時間を超えて保護し拡張したいという、統一された試みの一部なのである。言うまでもなく、これらの努力が完全に成功することはありえない。生き続けることだけがわれわれの欲することのすべてを与えてくれるが、それは選択肢の中にはないからだ。だから〈約束の地〉への接近を否定された聖書のモーゼと同じように、われわれは共有された価値と歴史というレンズを通して、われわれが参加できない未来の方向を遠望しているのである。

6

むろんドゥームズデイ・シナリオは、個人主義的な解決法と同じように、集団に基礎を置く解決法も決定的に無効化してしまう。後者の解決法が依拠している伝統と集団もまた、そのシナリオにおいては破壊されてしまうからだ。このことは、前に検討したプロジェクトに加えて、新しい一群のプロジェクトがドゥームズデイ状況下で持つ動機づけが持続可能かどうかという問題を提起する。たとえば、多くの人々はある特定の伝統との関係で定義されるプロジェクトを持っている。そういったプロジェクトの中には、その伝統の発展や深化や維持を意図しているものもあるだろうし、その伝統自体が可能にしてその伝統の実践と歴史と自己理解という枠組みの中でしか意味をなさないような選択肢だけを取り上げるものもあるだろう。同じようにして、多くの人々は特定の共同体あるいは国民あるいは人々との関係で定義されるプロジェクトを持っている。そういったプロジェクトの中には、その集団あるいはその制度の繁栄への寄与を意図しているものもあるだろうし、その集団が自らの目的や熱望のいくつかを実現するために設計されているものもあるだろう。ここでもまた、その集団が可能なものにして、その集団の実践と自己理解という枠組みの中でしか意味をなさない選択肢だけを取り上げるものもあるだろう。

この種のプロジェクトはドゥームズデイ状況下でも動機づけの力を保持するだろうか？言い換えれば、そのようなプロジェクトの追求はそれまでこれらにコミットしていた人々にとって重要だと思われ続けるだろうか——もし彼らが、自分のプロジェクトの焦点あるいは源泉である伝統あるいは共同体が自分自身の死後三十日したら破壊されることになると知っていたら？　あるいはそれらのプロジェクトを続けることは自分にとって重要性が小さくなると思われるだろうか？　彼らはそうすべき理由が小さくなると考えるだろうか？　その答はむろん当該のプロジェクトの性質に依存するかもしれないし、個人差があるかもしれない。しかし伝統や集団に依存するプロジェクトの多くは人々にとって重要性が小さくなると思われるだろうということには説得力があるようだ。このことが特に真であると思われるプロジェクトは、その明示的な目的が特定の宗教あるいは集団の長期的な存続と繁栄であったかそれに依存していたものである。というのは、それらのプロジェクトが失敗に運命づけられているということが今やわかったからだ。だからわれわれはここで〈後世の存在を確信していることが、自分のプロジェクトが自分の生きている間に重要性を失わないための一条件である〉という現象の、別の重要な一群の例を見出す。

7

しかしながらこれらの例は、次の印象を作り出すか強化するかもしれない。その印象とは、〈後世の存在に関するわれわれの確信がわれわれにとってこの種の重要性を持っている程度において、われわれが気にかけているのは、本当は自分の死後の特定の諸個人あるいは諸集団の存続である〉というものだ。ドゥームズデイ・シナリオの一つの効果は自分にとって重要な特定の人々の生存にわれわれが与える重要性に光を当てることである、と私は述べてきた。また今やわれわれは〈特定の集団と伝統の存続は、少なくとも一部の人々にはそれと同じくらい重要かもしれない〉ということを見たところだ。一般的に、未来との自分の関係を人格化したいという欲求は、その語られざる力をドゥームズデイ・シナリオが明らかにした欲求の一つだが、**個別主義的** *particularistic* 満足を必要とするように思われる欲求である。未来との人格化された関係の設立をわれわれにとって可能ならしめるもの、それは自分の死後も自分が愛する特定の人々あるいは自分がコミットしている特定の集団か伝統が生き残るという確信であるように思われる。そしてここからわれわれは〈われわれにとって重要な後世はこれらの人々の後世だけである〉という結論を引き出したくなるかもしれない。

しかしこの結論は性急すぎる。思い出そう、私は最初にドゥームズデイ・シナリオを論じたとき、このシナリオに対するわれわれのもっと一般的な反応にわざと関心を集中させて、自分自身の愛する人々が死ぬことになるという予測に対するもっと個別的な反応をとりあえず除外した。その目的は、これら一層個別主義的な反応の力がわれわれの反応の中のそれほど目立たない他の諸要素をぼかしてしまうことがないようにするためだった。だからわれわれにとって重要性が小さくなってしまうかもしれないさまざまのプロジェクトを論ずる際、私は癌研究に従事するというプロジェクトのような、個別主義的な絆や後世に明示的に依存することがないプロジェクトにわざと焦点をあてたのである。そのプロジェクトの追求がドゥームズデイ・シナリオに直面した研究者にとって重要性が少なくなると思われる程度において、その原因は、このシナリオが自分の愛する特定の人々の差し迫った死を含むとか、自分が帰属してコミットしている特定の集団の滅亡を含むとかいったものではない。もしこれが正しいとしたら、後世の存在に対するわれわれの配慮は、特定の人々あるいは集団の存続への配慮にとどまらないことになる。

この結論は強化できる。自分が大切に思う特定の人々の死が予期されるということだけで、われわれが迫りくる地球の破滅に恐怖をもって反応するためには十分で、人類の生命が全体として消滅するということまでは必要ではない。そのことは明らかだ。しかしおそらく驚くべきことだが、その反対もまた真だと思われる。人類の生命が近々消滅するだろうということだけで、われわれが恐怖をもって反応するためには十分だ——たとえそれが自分の愛する人々の早死にを一人も含んでいないとしても。これがP・D・ジェイムズの小説『人類の子供たち』(8)の一つの教訓だと私には思われる。この小説は一九九二年に出版され、そのかなり改変されたヴァージョンがメキシコの映画監督アルフォンソ・キュアロンによって二〇〇六年に映画化された。二〇二一年に時代が設定されているジェイムズの小説の前提は、人類は不妊化していて、二十五年以上にわたって誕生が記録されていないというものである。こうして人類は、最後に生まれた世代が次第に死に絶えるにつれて近々滅亡するという予測に直面している。(9)この小説のプロットは、イギリスのある女性の予期せぬ妊娠と、その後彼女とその子の安全と自由を確保しようとする少人数の集団の試みをめぐって展開する。しかしながらわれわれの目的に関係するのは、キリスト教的アレゴリーを伴ったこの中心的なプロットではなくて、むしろこの妊娠の再発が見つかる前の生活に関するジェイムズの想像力に満ちたディストピア的描写だ。そして注目すべきなのは、小惑星衝突と無関係な彼女のドゥームズデイ・シナリオでは、誰も若死にする必然性がないということである。それは生きている人の誰もが正常な寿命を保つことと完全に両立する。だからわれわれが自分自身ジェイムズの不妊の世界に生きていると想像し、地上の人類の生命が近々消滅することに対する自分の反応を予言しようとしたら、それらの反応が自分の愛する人々の早死にに関する感情を何ら含んでいないということは明らかだ。そのような死は発生しないのだから（あるいは少なくとも、ジェイムズのシナリオ自体の本質的特徴としては発生しないのだから）。それにもかかわらずわれわれが人類の消滅の予期に心をかき乱される、あるいはそれより悪いと感ずる程度において、われわれの想像上の反応は、自分の愛する人々の生存への配慮が持っている個別主義的特徴を欠いている。実際そこにはわれわれの配慮の対象となる特定可能な人々が全然存在しないことになる――むろん、人類にとって後世が存在しないという事実が、われわれ自身と今生きている他の人々の生死に何ら変化をもたらさないにもかかわらず、両方の人々に配慮すべき理由を与えるということを別にしてだが。

むろん不妊のシナリオは、多くの集団と伝統がそうでない場合よりも早く死に絶えるということを意味している。おそらくこのことは、集団に基礎を置く忠誠心や伝統的忠誠心を持つ人々にとって個別主義的な苦しみの元になるだろう。それでも不妊のシナリオは諸個人へのいかなる個別主義的配慮の影響をも抑制してしまうのだから、集団に基礎を置く個別主義的反応の存続にもかかわらず明白であると私が考えることに対して、ドゥームズデイ・シナリオよりも効果的に光を当てることになる。その明白なこととは何かというと、〈これまで論じてきたこれらの破局のシナリオに対するわれわれの反応の中の個別主義的諸要素の力にもかかわらず、そこには別の強力な要素も働いている。それは人類の差し迫った終末が、それ自体としてわれわれに持っているインパクトである〉ということだ。

8

そのインパクトが厳密にはどのようなものであるかはむろん推測の域を出ない。実際その事情はこれまで論じてきた想像上の破滅に対する他の仮説的反応のすべてにもあてはまる。P・D・ジェイムズとアルフォンソ・キュアロンによる推測は、彼らがこのトピックについて真剣に考え、読者や観客の関心と注意を惹きつけるに足るほど説得的に感じられるフィクションの描写を作り出そうとしたという事実から来る権威を除けば、特別の権威を持っているわけではない。この二人の推測はある点では互いに異なっているかもしれないし、あなたの推測も私の推測と異なっているかもしれない。しかしそうは言っても、私がさらにこう言ってもあなたにはあまり奇妙に聞こえないだろうと希望する。――私も彼らと同様、そのような世界を特徴づけるものは、広範な無気力とアノミーと絶望、そして社会制度と社会的連帯の浸食、そして物理的環境の悪化、そして多くの活動の価値と意義に関する信念の欠如の蔓延だろうと感ずる。

ジェイムズのヴァージョンでは、ブリテンの権威主義的な政府は世界の他の地域の中ではびこっている野蛮な無政府状態をおおむね免れていて、人々に「恐怖からの自由、欠乏からの自由、退屈からの自由」（97一五二）を約束することで一定の支持を得てきた。もっともこの三つの約束のうち最後のものは、それまで魅力的な活動だったものの大部分に対する無関心が高まると維持するのが難しいとわかったのだが。その無関心は、明らかに未来向きである活動にとどまらず、セックスのように、即時の満足を与えそれゆえ不妊の世界でも人気があると思われるかもしれない活動にも及ぶ。それらの活動も増大する無気力から免れていないということがわかったのだ。不妊が一時的なものにとどまるかもしれないと希望する政府は「国営ポルノ・ショップ」（7一五）を設立してセックスへの関心を維持させようとしなければならない。ジェイムズの小説の主人公であり時には語り手も務めるオックスフォードの学者セオ・ファロンは、人々が不妊はもはや変えられないと確信した時の反応を述べて言う。自殺率は増加し、「生き続ける者はほとんど例外なく、フランス人が普遍的アンニュイと呼んだ悲観主義に陥った。それは潜行性の疾病のような形で現われた。事実、それは一つの病気だった。倦怠感や抑うつ状態、不定愁訴、あるいは軽い感染症にかかりやすくなる、常時頭痛に悩まされるといった症状が、まもなく身近なものになった。」（9一八）。このシンドロームを免れる人々は、「想像力が乏しいおかげか」あるいは「徹底した自己中心であるため、外部の大変動にもびくともしないのか」(同上)である。そしてセオ自身も本、音楽、食べ物、ワイン、自然の中に喜びを見出そうとすることでアンニュイと戦い続けているのだが、「楽しみがごくまれになり、喜びを感じても、痛みと判別できなくなっている」(9─八─一九)と感じている。「自分自身の子孫どころか、人類そのものの子孫が望めず、自分たちは死んでもしかし生きているという確信を持てなくなった今、あらゆる精神と感覚の喜びは特に、廃墟を支える崩れかけた哀れな突っかい棒にすぎないように思えてくる」(9─九)と彼は言う。

これらの記述すべてが説得力を持つ程度において、それは地上の生命の終焉の認識が脅かしうるような価値を持つと思われる活動は範囲がかなり広がる、ということを示唆する。私はすでにその予期が脅かすであろういくつかの別々のタイプの活動について述べた。第一に、癌研究や耐震技術の発展のように、目標に向けられた活動だがその目標達成は人類が近々消滅するとすれば直截な仕方で妨げられる、というプロジェクトが脅かされることになる。第二に、さまざまの種類の創造活動のように、その成功が想像上の未来の聴衆による受容に暗黙のうちに依存していて、人類の生命の終わりが聴衆の消滅を意味するようなプロジェクトも脅かされるだろう。第三に、伝統への参与に関係する活動を含むがそれに限られない、その意義の一部が時間を通じたある価値や実践の維持にあって、人類の生命の終わりがそのような努力すべてを無にするような、たくさんの活動も脅かされるだろう。それと関連して第四に、特定の国民や共同体の集団の生存と繁栄を目ざす活動も、人類の生命が終わりに近づいているならばそれらの目的が挫折に運命づけられているのだから、脅かされるだろう。

しかしながらそれに加えて、ジェイムズの物語は、不妊の世界でその価値がやはり脅かされうることが一見明らかでない種類の活動も他にあるとわれわれに考えさせる。もっと特定して言うと、それは〈いかなる長期的過程や企図への寄与からも独立した意義だけを持っているように見える多くの活動も、やはりこのような脆弱性を持っているかもしれない〉と示唆するのである。自然の観賞、文学や音楽や美術の鑑賞、知識と理解の達成、食べ物や飲み物やセックスを味わう快楽といったものさえ影響を被るかもしれない。この示唆は一部の人々にはもっともらしく思われないだろう。また人々が不妊のシナリオに現実に直面した場合にこれらの活動に対する彼らの態度は、すでに述べた他のカテゴリーに属する活動に対する態度よりも多様で人さまざまかもしれない。

それでも不妊のシナリオがこれらの次元の活動への人々の態度に及ぼす効果に関するジェイムズの推測は示唆的だと私は信ずる。その推測は、〈人類の生命が近々消滅するということは、人々の動機づけと自分の活動の価値への信頼とに、一般的に言って気が滅入る効果を及ぼすだろう——それらの動機が熱情と心からの楽しい活動を生み出す能力を、極めて広い範囲にわたって減少させるだろう〉という説得的な発想の想像力に満ちた表現である。この同じ推測が、もう少しだけ特定された可能性をわれわれに考慮させる。通常われわれは、文学や芸術の鑑賞、知識の獲得、われわれを取り巻く世界の理解、五感の快楽の享受といったものを善き生の構成要素だと理解している。このことが意味するのは、われわれは全体としての人間生活の中でこれらの善が占める場所についてある見解を持っているということだ。しかしジェイムズの推測がわれわれを導く可能性は、「全体としての人間生活」に関するわれわれのとらえ方は〈そのような生それ自体が、継続する人類史の中に、生涯と世代の時間的に延長された連鎖の中に、位置を占めている〉という暗黙の理解に依存している、ということである。もしそうだとすると、たとえば『ライ麦畑のキャッチャー』を読むとか、量子力学を理解しようとするとか、それどころかすばらしい食事をするとかいった活動にしても、それが人類には未来がないと知られている世界の中でも人々にとって現在と同一の重要性を持ち、人々に同一の利益を与えるだろうと単純に当然視することはできないだろう。そのような世界の中で善き生を構成するものが何であるかをわれわれは知っていると想定することはできないし、善き生であるとみなす用意があるものが何か存在するということさえ確信できないのである。

9

しかしながら私の目的にとって、ジェイムズの物語があらゆる細部に至るまで説得的と思われるということは必要でないし、認知される価値が不妊の世界の中で浸食される諸活動の厳格な範囲について確たる結論に達する必要もない。必要なことはただ、〈そのような世界では、人々は多くの種類の活動の価値への信頼を失い、数多くの親しんだ目的追求に従事すべき理由を認めなくなり、それらの活動の多くから感情において疎外されるだろう〉と考えることだけである。すでに述べたように、これは私にはもっともらしく思われるし、あなたにとってもそうだろうと期待する。だからこの推定——私はそれを「後世に関する推測 afterlife conjecture」と呼ぼう——は真であると単純にみなすことにさせてほしい。私はこの後世に関する推測がいくつかの異なった種類の含意を持つと理解する。おそらくその中で最も顕著なものは、われわれの利己主義の性質と限界に関係する。われわれは皆正当にも自分たちの自己配慮の強さと範囲に印象づけられていて、道徳のもっとも熱心な擁護者でさえ、〈われわれのデフォルトの動機づけは強力に自己利益的なものである〉という多かれ少なかれ普遍的な想定に対抗して、トマス・ネーゲル呼ぶところの「利他主義の可能性[10]」のために論ずる必要を感じている。しかし次の事実を考えてみよう。今生きている人は一人残らずあまり遠くない将来死ぬだろう。この事実は普遍的に受け入れられているが、それは重大な破局だとも、ましてや差し迫った破局だともみなされていない。それについて何をなすべきかに関する世界の指導者たちの緊急会合も、大衆的ヒステリーの爆発も、悲嘆の表出も、行動への要求もない。それは人々が自分自身の死を恐れていないということではない。その反対に多くの人々は自分の死を恐れて、できる限り長く生き延びようと懸命に願っている。だがそれにもかかわらず、自分が死すべき者であるという認識も、今生きている誰もがそのうち死ぬことになるという見込みも、大部分の人々をして、彼らのこの世における活動のほとんどすべてが重要でないとか追求に値しないといった結論には至らせない。むろん多くの人々は、不運か機会の欠如のため自分にとって無意味と思われる活動に自分が従事していると考えている。同様にして多くの人々は、その人生のある時点において鬱か絶望のエピソードを経験するし、自殺という悲劇は昔も今もあまりにもよくある出来事である。しかしながら、私はあえて言うが、そのことの相対的に小さな部分しか、現在の地球の住人のすべてはいつかは死ぬという認識が人々に及ぼす影響によっては説明されない。誰もがいつか死ぬという事実は破局とみなされていないというだけでなく、誰一人としてそれを世界が直面する大問題と考えてさえいない。

それが大問題とはみなされないのはそれが避けられないとわかっているからである、と言いたくなる人がいるかもしれない。人々は今生きている誰もがいつかは死ぬしそれについては何もできないという事実を受け入れてきた、というわけだ。だが不妊の世界においても人類の消滅は避けられないと広く理解されているが、それでもそれは破局だとみなされる。ジェイムズによる生々しい描写では、その破局の予期はかつてなかったほどの地球的危機をもたらし、身近な人間的動機づけの多くに深い抑圧的影響を及ぼすのである。そしてもし後世に関する推測が考えるように、この描写の少なくとも中核が正確だとしたら、その含意は明らかかと思われる。ある具体的な動機づけと機能の面において、われわれと自分が愛する誰もがそのうち存在しなくなるという事実は、われわれが知ることがない、そして実際確定したアイデンティティを持っていない、未来の人々の不存在ほどにはわれわれにとって重大でない。もっと積極的な言い方をすれば、われわれが知ってもいなければ愛してもいない人々が存在するようになることは、われわれ自身の生存と自分が知っていて愛している人々の生存よりも、われわれにとって重要なのだ。これらの未来の人々に対するわれわれの配慮の一部は、われわれが特に同一化している特定の集団の存続への配慮でもあるだろうが、そのことを考慮に入れても、これはわれわれの個人的利己主義の性質と限界を考える際にもっと注意されるべき重要な事実である。(11)

この結論を出すのは性急すぎると思われるかもしれない。不妊のシナリオの中の人々は人類の滅亡を不可避だとみなすようになるのだが、これは彼らの期待における変化を含んでいる。このシナリオについてすでに書いたように、彼らの大部分はその生涯の初めには人類は存続するだろうと考えていて、その後ようやくそうではないということを知るに至る。だから不妊のシナリオは彼らにとって劇的な予想の変化を含んでいる。これに対してわれわれは皆、自分がいつかは死ぬということを理解して成長して、それに従って期待を形成してきた。私が注意してきた二つの反応間の相違は、おそらくわれわれの利己主義の限界の証拠ではなくて、失望の力の証拠なのかもしれない。――もし人々が初めから、自分たちは人類の最後の世代だと知って成長してきたら、これは彼らにとって、われわれ自身の死の予期がわれわれにとって持つインパクト以上のものを持たないだろう――。だが私はこの主張は信じがたいと思う。期待における変化がそれ自体として人々の態度に劇的な影響を及ぼすかもしれないということに、私はむろん賛同する。もしわれわれが自分は不死であると信じて成長し、死を免れないということをようやく中年になってから知ったとしたら、それは確かにわれわれの態度に劇的な影響を及ぼすだろう。しかし私は、自分たちが人類の最後の世代であると初めから知って成長する人々が私の述べてきた現象を免れるだろうとは思わない。この暗澹たる知識の影響が自らの活動の価値への彼らの確信を支えるなどということはありそうもないと私には思われる。私にとって少なくともありそうだと思われるのは、〈自分たちが最後の世代だということを人生の途中になってから発見した人々と対照的に、この認識とともに成長する人々は単純に初めからそのような確信を持っていないだろう〉ということである。

私が注意してきた反応の相違については別のもっと単純な説明があると反論されるかも

しれない。そしてこの説明もまた、われわれの利己主義の限界に関するいかなる結論をも支持するものではない。——今生きている人が皆近々死ぬという事実が破局とみなされず、地球的危機をもたらさないのは、それが社会それ自体にとっての脅威ではないからである。それと対照的に不妊のシナリオは社会の終わりを意味するから、むろん破局とみなされるだろう。この事実は当たり前のことで、われわれの利己主義の程度については何も語らない——。しかしこの反論は論点から外れている。不妊のシナリオが社会の終わりを意味していて、そのことがこのシナリオが破局だとみなされる理由であると言うのは間違いではない。しかしながらこのシナリオの用語法では、「社会の終わり」は今生きている人々の可死性あるいは寿命にいかなる変化ももたらさないし、その変化から帰結するものでもない。今生きている人々の観点からは、不妊のシナリオと今生きている誰もが近々死ぬだろうという日常的状況との間の唯一の相違は、〈不妊のシナリオにおいては、いまだに生まれていない人々が誰も存在するに至らないだろうということもまた真である〉ということだけだ。だから普遍的な死という日常的予期でなく不妊のシナリオこそが破局であるとみなす際、人は未来の人々の不存在への配慮のレベルを示しているのであって、その配慮は現存する人々が死すべきものだということへの配慮をしのいでいる。この高められたレベルの配慮を「社会の終わり」への配慮と特徴づけても、この事実は変わらない。それは別の記述にすぎないからだ。そしてどのように記述しても、それはわれわれの個人的利己主義のある顕著な限界を示唆することに違いはないのである。

また別の種類の反論は、〈不妊のシナリオに対するわれわれの反論は未来の人々の不存在への配慮を示している〉と譲歩するが、〈この配慮それ自体がわれわれの利己主義の現われであって、利己主義からの逸脱ではないと説明することができる〉と論ずるものだ。われわれの中で最も若い人々にとって、不妊のシナリオは彼らが老いた時に自分たちを扶養したり配慮したりする人が誰もいないということを含意している、と言われるかもしれない。彼らの生涯の最後には、事実上いかなる経済も存在せず、いかなる財も生産されず、いかなるサービスも供給されないことになる。地上の人類最後の世代として、彼らは自分たちが必要とする感情的・物質的・医療的支援を与えてくれる後継者を持つことがない。だから不妊のシナリオは、純粋に自己利益的な観点から見て彼らにとって破滅であり、それは他の生きている世代との彼らの関係を悪化させることにもなる。たとえば最後の世代は自分自身の年長者たちへの支援をする意欲が弱くなるかもしれないし、これらの年長者たちはまた、彼らの年長者たちへの支援をする意欲が弱くなるかもしれない、等々である。その波及効果として、最も若い人々にとっての破滅的な影響が世代をさかのぼり、最後には社会のすべての人に及ぶことになるだろう。帰結として、不妊のシナリオは今生きているすべての人々によって破局とみなされるかもしれないが、それは手段的で自己利益的な理由によるものである――。

この反論は明らかにいくらかの長所を持っているが、私はこれが事態のすべてだとは思わない。もしそれがすべてだとしたら、最も若い世代の生涯の最終期の安楽が保障できるならば（おそらく、賢明にプログラムされた介助ロボットを彼らに供給することによって）[12]、彼らは、そしてその影響で他の人々も、差し迫った人類の終わりを平静な気持ちで予期できることになる——あるいは少なくとも、現在人々が自分自身の死を予期するのと同じくらいには平静な気持ちで。しかしこれは私には信じがたい。不妊のシナリオは、たとえそれが生きている人々の物理的安楽にも寿命にも何ら否定的な効果をもたらさないということが前もって知られているとしても、やはり破局と考えられるだろう、ということは私には明らかだと思われるし、望むらくはあなたにとってもそうだろう。[13] ともかくそれが後世に関する推測の想定するところである。私は第2講においてこの推測のさらなる含意のいくつかを考慮するが、それは遠大なものだと私には思われる。

注

（1）"Valuing," in *Equality and Tradition* (New York: Oxford University Press, 2010), ch. 1, 15-40.

（2）David Lewis, "Dispositional Theories of Value," in *Papers in Ethics and Social Philosophy* (Cambridge: Cambridge University Press, 2000), 68-94, at 85.

（3）その程度において、これはロバート・ノージックが *Anarchy, State, and Utopia* (New York: Basic Press, 1974), 42-45［『アナーキー・国家・ユートピア』嶋津格訳、木鐸社、六七―七二頁］の「経験機械」に関する議論の中で引き出した結論を支持する。

（4）むろん、一見したところにもかかわらずわれわれの反応は帰結主義的な解釈を容れると論ずる人がいるかもしれない。おそらくわれわれはこの反応において、誤っているかもしれないがそれでも帰結主義的な結論に飛びつくかもしれない。それはつまり、私が言及した負の帰結が正の帰結を凌ぐだろうというものである。あるいはわれわれは何か次のような価値論を受け入れるかもしれない。それによると、人類の存続それ自体が有する非人格的な価値が極めて大きいので、人類が生き続けるいかなる帰結も、そうでないあらゆる帰結より善いというのである。私はこれらの主張が特別もっともらしいとは思わないが、それらに反論することもしない。この講義の目的の一つは、人類の存続がわれわれにとってなぜこれほど重要なのかについて別の説明を与えることだからだ。

（5）"The Normativity of Tradition," in *Equality and Tradition*, ch. 11, 287-311.

（6）むろん同様にして、伝統への参加は、われわれが他の人々から手渡された価値の相続人であると感ずることを可能にする。そしてこのようにして、われわれの前に生きた人々に対する、価値に基づく関係を達成することも可能にする。議論については"The Normativity of Tradition," 305を見よ。

（7）Max Weber, "Science as a Vocation,"［「職業としての学問」複数の邦訳あり］in David Owen and Tracy Strong eds., *The Vocation Lectures* (Indianapolis, IN: Hackett, 2004), 1-31を見よ。

（8）ジェイムズの小説は最初フェイバー・アンド・フェイバーから出版された (London, 1992)。本文でカッコに入れたページ付けは二〇〇六年にランダムハウスから出版されたVintage Books版のもの［ハヤカワ・ミステリ文庫（一九九九年）のページ数を漢数字で付記した］。

（9）二〇〇九年七月二十八日『ニューヨーク・タイムズ』のコラムニスト、デイヴィド・ブルックスはその数日前に経済学者のタイラー・コーエンがブログ「マージナル・レヴォリューション」に投稿した短い文章（http://www.marginalrevolution.com/marginalrevolution/2009/07/masssterlization.html#comments）を引用して「子孫の力」というコラムを書いた。そこで彼は、もし「太陽の異常な出来事」の結果世界の人口の半分が不妊化したらその結果として何が起きるかを考察した（http://www.nytimes.com/2009/07/28/opinion/28brooks.html?scp=1&sp=power%20of%20psoterity&st=cse）。ブルックスの推測の一部はジェイムズの小説（とこの講義）のテーマのいくつかをかなりどぎつい仕方で想起させるものだが、人類の半分しか不妊化しないという前提のため、彼は最終的に別の方向に向かっている。コーエンもブルックスも『人類の子供たち』をあげていないが、コーエンのブログとブルックスのコラムに対するオンライン読者のコメントはいずれもこの関係に触れている。

（10）Thomas Nagel, *The Possibility of Altruism* (Oxford: Clarendon Press, 1970).

（11）ここで、愛情関係における当事者はわれわれが普通思っているよりも相互に重要ではないという趣旨のダン・モラーの興味深い議論に言及する価値があると思われる。モラーの議論が依拠するのは、愛情関係における当事者はパートナーや配偶者の死にあたっても驚くほど強靭であるということを示唆する経験的な調査結果である。〈パートナーや配偶者は互いにとって相対的に重要でない〉というモラーの主張と、〈ある点においてわれわれ自身の生存と自分が愛する人々の生存は、未来の人々の存在ほどわれわれにとって重要でない〉という私の主張との間には、表面上の類似がある。しかし実際にはこの二つの主張は全く異なる。モラーが関心を持っているのは現実の喪失に対するわれわれの反応なのだが、私が関心を持っているのは予期される喪失に対するわれわれの反応である。われわれは自分自身の現実の死に対して何ら反応することができないので、モラーは自分が愛する人々の死に対するわれわれの反応に焦点を当てるのだが、私は自分の愛する人々の予期される死だけでなく自分自身の予期される死にも関心を持っている。そして私の論点は〈ここで関係する予期の反応はわれわれの利己主義のある限界を明らかにする〉というものだが、モラーは〈現実の喪失に対するわれわれの反応は一種の感情の浅薄さ――われわれが愛する人々の真の価値とわれわれの彼らとの関係を銘記しないこと――の証拠であって、われわれはそれを悔やむべき理由を持っている〉と考えている。Dan Moller, "Love and Death", *Journal of Philosophy* 104 (2007): 301–16 を見よ。

(12) 私は最初これを書いた時、純粋にSFの領域に属することを書いていると思っていた。ところがそれは事実だった。たとえば次の記事を見よ。Daniel Bartz, "Toyota Sees Robotic Nurses in Your Lonely Final Years," *Wired*, Jan. 19, 2010, http://www.wired.com/gatgetlab/2010/01/toyota-sees-robotic-nurses-in-your-lonely-years/ および Calum MacLeod, "A Glimpse of the Future: Robots Aid Japan's Elderly Residents," *USA Today*, Nov. 5, 2009, http://www.usatoday.com/tech/news/robotics/2009-11-04-japan-robots_N.htm.

(13) われわれにとって重要なことは人類 human beings の存続か、それとも人々 people (諸人格 persons) の存在か? 私は本文で両者を同じ意味として取り扱ったが、多くの哲学者は、人格の資格があるが人類に属さない者が原理上ありうると考えている。人類の滅亡が目前に迫っているが、その後突然地球上に人類でない新種の人格が発生するということをわれわれが知っているとしてみよう。そのことはわれわれの活動の価値への信頼を回復させるに十分だろうか？　もしそうだったら、われわれにとって重要なことはおそらく人類の存続よりも人々の存続なのだろう。もしそうでなければ、われわれが大切にしているのは特に人類の存続なのだろう。しかしそのどちらでもないかもしれない。重要なのはわれわれと価値を共有し、伝統と生き方とを永続させる人々の存続なのかもしれない。もしそうだとしたら、人類の存続は十分でも必要でもない。われわれの価値を持った、人類でない人格で十分かもしれないからだ。そしてわれわれの価値を持たない人類では助けにならないだろう。

これらの問題が、高度に反事実的なさまざまの状況に対するわれわれの反応に関する問題である程度において、それらは極端に回答が難しい経験的な問いである。私自身の見解は本文から明らかであるはずだが、それは〈われわれの大部分は未来の世代がわれわれの最も重要な価値を共有することを実際望むが、この配慮に尽きない仕方で、人類の存続もわれわれにとって重要である〉というものだ。人類が存続するということはわれわれにとって重要なのである——たとえ彼らの価値と文化が、われわれの予期できない、部分的にはわれわれの歓迎しない仕方で変化するだろうということを知っているとしても。もし人類が存続しないとしたら、人類でない人格が未来に存在することはいくらかの慰めを与えるかもしれないが、多くのことは、その新種がどのようなものでその歴史がどのようにしてわれわれの歴史と関係するかにかかっているだろう。だがともかく私は、新種の発生がわれわれ自身の存続と同じくらい善いものとは思えない。その理由は部分的には、「未来との人格化された関係」という私の用語法にもかかわらず、私は人類でないその人格の存在がこの関係への基礎をわれわれに与えてくれるかどうかを疑うからである。要するに、私がこの講義の議論が示すと考えているのは、人類である人格の存続がわれわれにとって大変重要だということである——もっともわれわれにとって重要なことはそれだけではないし、人類である人格が消滅することになるとわれわれが知っていてもいくらかの慰めを与えてくれるかもしれないものは他にも想像できるのだが。

第2講　後世（第2部）

1

私がこの第2講で取り上げたい最初のトピックは、重要なこと what matters が私の言う「後世」に厳密にいかなる仕方で依存しているかである。われわれにそのような後世があるという確信がなかったら――自分自身の死んだ後も他の人々が生き続けるだろうという確信がなかったら――われわれにとって今重要である物事の多くが重要でなくなるか重要性が小さくなるだろう、ということはすでに見た。このことは元来のドゥームズデイ・シナリオから明らかだったが、不妊のシナリオは、〈われわれにとっての後世の重要性は、自分が愛する人々の生存への配慮だけから来るのではない〉ということを明らかにした。しかし重要なことが後世にどのように依存しているかについては、三つの異なるテーゼを区別することができる。第一のテーゼは、私がこれまで擁護してきたものだが、〈われわれにとって重要なことは、後世の存在へのわれわれの確信に暗黙のうちに依存している〉というものである。これは態度的依存テーゼと呼ぶことができよう。なぜならそれは〈われわれの態度のいくつかは別の態度に依存している〉と断定するからだ。その断定は、もしわれわれが後世への確信を失ったならば、今われわれにとって重要である多くのものが、それらに従事すべき理由が小さくなるとわれわれが考えるという意味で重要性が小さくなり、それらに感情面で投資する程度が小さくなり、それらの価値についての確信も小さくなるだろう、というものである。

しかしながらこの態度的依存自体の含意は、〈これらの物事がわれわれにとって重要でなくなるのは、部分的には、われわれは後世を確信しなければそれらが無条件に *simpliciter* 重要性あるいは価値がより小さいと考えるだろうからである〉ということだ。そしてこれはわれわれが第二の依存テーゼを受け入れているということを示唆する。そのテーゼは〈無条件に重要であるということは、後世の現実の存在に依存しているのであって、それについての確信だけに依存しているのではない〉というものである。もしわれわれが、後世が存在しないと確信するようになったという理由で自分の活動に価値を見出さなくなったとしたら、ある薬を飲めば後世の存在を間違って確信するようになるということが予期されても、われわれはその時それらの活動がまた価値を持つことになるとは信じないだろう。というのは、われわれがその薬を飲む前に信じていることは、〈それらの活動が価値を持っているということは、後世へのわれわれの信念に依存するのではなくて、後世の現実の存在に依存する〉というものだからだ。われわれがこれらの反応を持つ程度において、それはわれわれが評価的依存テーゼを受け入れているということを示す。それは〈物事が無条件に重要である、あるいは価値を持つのは、実際に後世が存在するときに限られる〉というものである。

さらに、われわれがあるものを評価するということが、それは無条件に価値があるというわれわれの信念に部分的に存しているとしたら、そして〈あるものが無条件に価値があるということは、後世の現実の存在に依存している〉ということを暗黙のうちに受け入れているとしたら、そのときわれわれはまた別の依存テーゼを受け入れているという結論が出てくると思われる。そのテーゼは〈われわれがあるものを評価するということ、あるいはそれが**われわれにとって**重要であるということは、重要な点において、後世の現実の存在にも依存するのであって、われわれがその存在を信じているということだけに依存するのではない〉というものである。われわれが後世は存在しないと信じているという理由で、われわれの活動がわれわれにとって重要でなくなるとしてみよう。ここで万能の存在者が現われて、次の二つの方法のいずれかで、物事を再びわれわれにとって重要なものたらしめるとしてみよう。その存在者は後世を復興させて、それに関するわれわれの十分に正当化された信念も再生させるか、さもなければ、後世が存在すると誤って信じさせる薬をわわれわれはこの二つの方法を、われわれに与えることができる。私の理解するところでは、われわれはこの二つの方法を、物事をわれわれにとって重要なものたらしめる同じくらい善い方法であるとはみなさないだろう。もしわれわれがその薬を飲むとしたらわれわれの活動は実際に自分にとって重要なものになるだろうが、それらを評価したりそれらに重要性を帰したりすることは間違いである、とわれわれは感ずるかもしれない。それらの活動がわれわれにとって重要であることには十分な理由がなく、そして重要でないことには十分な理由があるだろう。この点は〈われわれの活動はわれわれにとって重要だと思われるかもしれないが、実際にはわれわれにとって重要でないことになる〉と表現することさえできるかもしれない。われわれはこのように反応する程度において正当化的依存テーゼを受け入れていると思われる。それは〈そのような後世が存在するときに限って、われわれは物事に重要性を帰することが正当化される。あるいはそれらの活動がわれわれにとって重要である理由がある〉というものである。

だからわれわれは態度的・評価的・正当化的という、三つの異なった依存テーゼを区別できる。不妊のシナリオに直面した人々は自分の活動の多くの価値への信念を失うだろうというのが後世の推測で、それは態度的依存テーゼの正しさを直接支持するが、評価的テーゼや正当化的テーゼの正しさまでは支持しない。その代わり、それは態度的依存テーゼの正しさを直接支持することによって、評価的と正当化的の両依存テーゼをわれわれに帰することascription to usを間接的に支持する。後世の推測は、〈われわれが物事は重要であると暗黙のうちに考え、物事に重要性を帰するのが正当化されるのは、実際に後世が存在するときであって、単純にわれわれがそうだと信じている限りにおいてではない〉ということを示唆するのである。

それにもかかわらず評価的テーゼと正当化的テーゼが偽であるという可能性は残されている。われわれは不妊のシナリオに直面すると自分の活動の価値への信念を失うだろうが、そうなるのは誤りである、ということはありうる。かりに人類の消滅が差し迫っていても、われわれの価値ある活動にはやはり同じように価値があって、われわれがこのシナリオに直面してそう考えないとしたらそれは間違いだ、ということになる。だが実際には、癌の治療法の発見とか耐震技術の開発といった目標志向のプロジェクトについてそのように言うことは、私にはあまりもっともらしいとは思えない。そのように言うことは、特定の共同体あるいは伝統の存続あるいは繁栄を目ざすプロジェクトに適用されても同様にもっともらしくない。他の活動については、私はそれほど確信を持てない。たとえば、かりに人類の消滅が差し迫っていても、またそのような状況下でわれわれの多くが知的活動の価値への信念を失うとしても、これらの活動は同じように価値を持ち続けるという示唆に、私はいくらかの説得力を感ずることができる。しかし私はその反対の示唆にもいくらかの説得力を感ずることができる。不妊のシナリオに直面した歴史家が、自分の計画していたブルガリア軍事史の研究を行う価値への信念を失うと想像してみよう。あるいはまた、政治哲学者が自由と平等の関係について、あるいはロールズの格差原理の正しい解釈について、さらなる論文を書く価値への信念を失うと想像してみよう。われわれはその歴史家や哲学者が間違っていると考えるよりも、〈彼らの反応はわれわれの活動の重要さについてある意外なことを教えてくれる〉という結論を引き出すかもしれない。別の言い方をすれば、彼らがその信念を失うだろうということをよく考えてみると、われわれはあることを**発見する**と言いたくなる。それは〈われわれの活動の現実の価値が継続中の人類史の中で占めている位置に依存している程度は、われわれが実感してきたかもしれないものよりも大きい〉ということである。

しかしながら私が述べてきた依存のパターンには例外がある。われわれにとって重要なもののすべてが、後世の存在への信念に依存しているわけではない。明らかな例外の中には、激痛からの解放のようなものがある。不妊のシナリオにおいても、人々が激痛を免れているのは重要だと考えるのは説得力がある。そしてもし人々がそのような痛みを体験しているとしたら、それを終わらせることは重要だ。後世が存在しないとしたらこれが彼らにとって重要性が小さくなるということはありそうもない。また同じように、友情やその他の親密な人格的関係が人々にとって重要でなくなるということもありそうにない。実際、それは一層重要にさえなるかもしれない。だがこの問題は複雑だ。一方において、近づきつつある破局に直面すると人格的関係は連帯感を与え、それゆえ慰安の特に重要な源泉になるだろう。だが他方で、通常友情というものは、友情それ自体から独立した価値ある活動や関心や目的追求に各人が参加することによってはぐくまれる。参加者たちの他の多くの活動の価値への信念が相互に失われると、そのことが特定の友情にどのような影響を与えるか、それを予言することは難しい。それに友情はすでに論じてきた他の善と同じように、通常われわれが全体としての人生の中である位置を持つものとして考えられるものだ。だからもし、私が考えてきたように、不妊のシナリオの効果の一つが人間的な善き生の形やそれどころかその可能性に関するわれわれの観念の浸食だとしたら、これが友情と友人に対する人々の態度にどのような影響を及ぼしうるかも予言が難しい。それでも、友情やその他の人格的関係は不妊の世界の中でも人々にとってかなりの重要性を持ち続けるだろうと思われる。

別の種類の例は後世の存在自体に関わる。後世それ自体も不妊の世界で人々にとって重要性を失わないだろうということが、私が展開してきた議論の含意の一つである。そしてもはや後世が存在しなくなるという事実が人々にとって重大なのである。結局のところ、不妊のシナリオの全体の前提は、後世が消滅することは人々の感情と動機づけと理由理解に深い影響を及ぼすだろうというもので、これは、後世（とその消滅）が彼らにとってとても重要であることをやめないということを含意する。だがもしそうだとしたら、そのことは〈われわれにとって重要なこと、あるいは重要と思われることは、後世の存在への信念に依存している〉という発想への重要な例外になる。そのことは〈われわれにとっての後世の重要性は、それ自体としては後世の存在への信念に依存していない〉ということを示すからだ。その重要性はまた、後世の現実の存在に依存しているわけでもないと思われる。後世が存在しないだろうという未来をわれわれがよく考えてみても、それは〈後世の存在はわれわれにとって重要でないし、重要であるべきでもない〉という結論にわれわれを導かないからだ。要するに、後世があろうがなかろうが、われわれにとって後世は重要なのである。

最後に全く違った種類の例を述べてみたい。通常の状況において人々はなぜゲームをするのか？　この問題を考えてみよう。私が念頭に置いているのは、アマチュアが楽しみのために金銭的報酬を全然考えずに行うゲームである。また話を単純にするため、特別の才能や技能をほとんど必要としないゲームに焦点を当てよう。その問題への答の一部は、ゲームは意味の自足的泡沫 self-contained bubbles of significance とでも考えられるものを作り出す、というものだと思われる。ゲームのルールはそのゲームの文脈の中でプレイヤーにとって何が重要であるかを決定する。プレイヤーは、この文脈の中で彼らにとって重要なものがその文脈の外では全然重要でないということを理解している。もし私がモノポリーのゲームをしているとしたら、自分の「所有する」マス目に小さな「ホテル」を建てるための仮想金銭をいくらか使うことができるという能力は私にとって重要だ——たとえ私が、それは自分にとって文脈を離れた重要性を持たないということを完全によく知っているとしても。そしてゲームの文脈の外で私にとって極めて重要な物事もその内部では重要でない。私が自分で住む現実の家を買おうという試みは私にとって大変重要かもしれないが、それはモノポリーの世界では無関係なことだ。この意味で、ゲームは参加者にとってさもなければ無意味な事柄を大変重要なものとする人工的な文脈を作り出す。ゲームをプレイするとは、ひとときの間この人工的な文脈の中に住んで、少なくとも一時的に、何が重要なことであるかについてのそのとらえ方を受け入れて内面化するということなのである。

人々はなぜそれを魅力的と感ずるのか？　これは興味深い問題である。われわれにとって本当に重要なものが存在するということを考えると、なぜわれわれは、自分にとってさもなければ無意味なことをあたかも重要であるかのように取り扱う世界に入ることを楽しむのか？　むろん誰もがゲームをプレイするのを楽しむわけではない。それを現実に嫌悪する人もいる。彼らの一部は、ゲームが作り出す価値あるいは重要性の文脈が人工的なものであるというまさにその理由からゲームを嫌悪しているのかもしれない。言い換えれば彼らのゲーム嫌悪は、その参加者が本当は彼らにとって重要でないものを重要であるかのように行動するよう期待されているという事実から来ているかもしれない。この種のごっしかしこ遊びへの参加を面白くない、それどころか不愉快だ、と感ずる人もいるだろう。この事ゲームをプレイすることに嫌悪を感ずる人もいるが、それを楽しむ人もまた多い。実は〈まさにその人工性のゆえに、一部の人々にとっては価値あるいは重要性の人工的文脈の中に住むのが楽しいことがある〉ということを示唆する。現実に重要であることをしなければならないという圧力は、それに伴って困難や失敗のリスクや不確定性を伴っているために重荷となりうる。その掛け金は高く、困難はかなりのものだ。そこからゲームのルールが支配する人工的な世界に逃げ込むことは救いになりうる。ここでは何が重要であるかが極めて明白でありながら、ゲームの中で重要なことが実際には重要でないということもまた明白だ。粗野にすぎる言い方かもしれないが、物事が重要でないときにそれが重要であるかのようなふりをするのは救いになりうるのである。

〈ゲームの文脈の中でわれわれにとって重要なことが重要であるとみなされるのは、後世の存在へのわれわれの確信に依存していない〉ということは明らかである——実際これは滑稽なアンダーステイトメントのように思える。モノポリーのゲームの中で私の地所にホテルを建てるのが私にとって重要である限り、人類が近々死に絶えるというニュースが私のその野望を無意味にすることはなさそうだ。重要な意味において、それは初めから無意味なのである。このことは激痛からの解放や後世それ自体の存在のケースと明らかな対照をなす。その二つのケースもまた、それらの物事の重要性が後世の存在へのわれわれの信念から独立しているという例だとされていた。その二つのケースでは、その独立性は当該の物事がわれわれにとってどれだけ、そしてどのようにして、重要であるかの印であると思われるが、ゲームのケースでは、その独立性はそれらがどれほど本当は重要でないかの印である。

このことは、不妊のシナリオにおいてはそれまでゲームを楽しんできた人々がそれを続けるということを意味するだろうか？　そうかもしれない。それは、人類の予期される消滅がプレイヤーにとってのゲームの重要性を本当に掘り崩すことがないとしたら、われわれが予想することかもしれない。しかしながら、私はこの問いへの答を知っているかのようなふりをしないし、実験したいとも決して思わないが、反対方向への考慮が存在する。通常の状況の中では重要性に関する人工的な文脈に入ることが楽しいかもしれない。しかしその事実は、われわれにとって実際に重要である多くのものが存在する一層広い文脈をわれわれが当然視しているという事情に依存しているかもしれない。人工的文脈の中に住むことが救いであるとしたら、それはおそらくわれわれが正常な非人工的世界を、重荷となる価値に満ちたものとして見ているからだろう。もしわれわれがもはやその性質を当然視できず、自分にとって本当に重要であるものに関するわれわれの感覚がすでに不妊のシナリオからの攻撃にさらされているとしたら、そのときゲームをプレイすること――重要だというふりをすること――が魅力を持ち続けるかどうか、それは少なくとも明らかでない。真正の文脈がもはやわれわれの手の届かないものになっても、人工的な意味の文脈の中に住むことはやはり救いだろうか？　ここで二つの考えが念頭に浮かぶ。第一の考えは、〈もしこの問いへの答がノーだとしたら、ゲームをすること自体がわれわれにとって重要であることは人工的だが、ゲームの文脈内部でわれわれにとって重要であるという事実も同じように人工的なわけではないからである〉というものだ。むしろゲームをすることがわれわれにとって重要であるのは、それが真正の重要さを求めることの負担からの救いを与えてくれるからであって、そのような救いはわれわれにとって真正かつ非人工的な重要性を持っている。言い換えれば、ゲームをプレイすることの無意味性それ自体がその意味なのだ。しかしこの意味それ自体は後世の存在に依存しているので、不妊のシナリオによって掘り崩されるかもしれない。重要なものがそもそもほとんど残されていないとき、重要性からの救いを求めることはわれわれにとってもはや重要でないと思われるかもしれない。以上が第一の考えだが、第二の考えは、〈もしこの問いへの答がその代わりにイエスだとしたら、その理由は、不妊の世界の人々にとってゲームは別の種類の機能を果たすからである〉というものだ。現実的重要性の探求の重荷からの、意味の人工的文脈が与えてくれる解放を求めるのではなく、人々はゲームの擬制的重要性を楽しむかもしれない。なぜならそこには求められるべき真正の重要性がほとんど存在せず、擬制的重要性だけが受容可能な幻想を与えることになるからだ。同じようにして、Ｐ・Ｄ・ジェイムズが想像した不妊の世界の中では、もはや人間の子どもが存在しないために、人々は人形とペットにあふれるばかりの関心を払うことになる。

2

私が取り上げたいと思う次のトピックはわれわれの個人主義の限界である。これはすでに論じた利己主義の限界に関する論点と関係しているが、それでも別のものだ。利己主義に関する論点は、われわれの自己利益的関心の心理的な力とその他の種類の動機・態度の比較と関係している。だが今私が個人主義の限界について話す際に関心を持っているのはそれではなくて、〈個人が行う評価が概念上の問題としてどの程度まで社会的あるいは集合的な企てであるいは実践であるかについて、後世の推測は何を明らかにするか?〉である。諸個人は彼らが何を評価するかにおいて、また彼らにとって何が重要であるかにおいて、それぞれ異なっているということをわれわれは皆知っている。諸個人の特性は部分的には彼らの個人的な価値とコミットメントによって構成される。さらに、強い明示的な社会的方向性を有する価値とコミットメントを持つ人もいれば、そうでない人もいる。後者はもっと孤立した目的追求を評価するので、共同的事業に参加したり社会への何らかの種類の貢献を明示的な目的とするプロジェクトを求めたりすることにはそれほど関心がない。しかしこれらの相違にもかかわらず、後世の推測は〈多くの個人が行う評価は、明示的に社会的な内容あるいは方向性を持っているか否かを問わず、やはり少なくとも暗黙の社会的あるいは集合的次元を持っている〉ということを示唆する。

もっと一般的に言うと、人々が物事を評価するとか、物事が人々にとって重要であるとか、人々が物事を大切に思うとかいった現象の全体は、複数の想定の集合を暗黙の枠組みとした上で生ずるが、その想定の中には、少なくとも最も基本的なレベルでは〈人類の生命はそれ自体重要である〉とか〈いかなる個人の歴史をも超えるものは歴史と関わる継続する現象である〉といったものが含まれる。われわれの関心とコミットメント、われわれの価値と重要性判断、何が重要で行う価値があるかに関するわれわれの感覚――これらのものすべては、人類の歴史がそれ自体として継続し繁栄する企てであるという、当然視された想定を背景として形成され維持される。われわれが持っている最も深い決定的な価値と熱望の多くは、喫緊性の感覚とそれに伴う究極の重要性のオーラにもかかわらず、やはりわれわれが以上の想定を当然視しているということに依存している。実際、われわれはそれをあまりにも当然視しているのでそれが果たす役割を認識することがめったにない。それどころか明示的にそれを反省することさえない。しかしだからといって、その重要性がいささかでも減ずるわけではない。継続的な歴史的プロジェクトとしての人類［人間性］それ自体が、何が重要かに関するわれわれの判断の大部分に暗黙の引照基準を与えるのである。この引照基準がなくなったら、重要性に関するわれわれの感覚は――それが明示的な内容においていくら個人主義的であるとしても――揺るがされ、掘り崩され始める。自分自身の個人的目的の多くが現在自分にとって重要であるためには、人類が未来を持つことがわれわれには必要である。実際のところ私は一層強いことを信じている。――物事が重要であるという発想そのものがわれわれの概念のレパートリーの中で確固たる位置を持ち続けるためには、人類が未来を持つことがわれわれにとって必要である。

3

私が取り上げたいと思う第三のトピックは価値と一時性 temporality との間の関係である。私はすでに評価する［価値づける］ことの保守的な側面、すなわち〈あるものを評価するということと、それを時間を通じて保全あるいは維持すべき理由を認めることとの間には概念的関係に近いものがある〉という事実に注意した。誰かが何ものかを真正に評価しているがそれが一瞬を越えて存続するか否かには無関心である、というケースがおそらくあるだろうが、もしそうだとしてもそれはごく稀なケースであるに違いない。だからこれが、評価するということが時間的次元を持っている一つの側面だ。つまりXを評価するとは、通常はXを時間を通じて保存あるいは拡張しようとすべき理由を認めるということなのである。何がわれわれにとって重要であるかは後世の存在へのわれわれの信念に暗黙のうちに依存しているのだが、この事実が価値と一時性との間の第二の関係を構成する。それは〈何がわれわれにとって今重要であるかは、その後起きるだろうとわれわれが考えていることに依存する〉ということである。しかしながら両者の論点の基礎にはもっと一般的な論点がある。評価するということは通時的な現象だ。その意味は、〈人はあるものを評価する際、将来の事態に関する一時的な選好を表示しているだけではなく、自分の評価するものが実現あるいは達成あるいは維持されるか否かという事態に**賭けている** acquire *a stake*〉ということである。これは部分的には、〈Xを評価するということはXに関係する行動理由を自分が持っていると認めることであり、その理由は時間を越えて延長していて、理由の内容はX自体のあり方に依存している〉という事実の帰結である。また部分的には、〈あるものを評価するとはXのあり方に感情面で影響を受けることも含んでいる〉という事実の帰結でもある。するとわれわれはあるものを評価するとき、自分自身を未来に投影し、自分自身をその未来に投資しているのである。われわれの感情と未来のあり方は、ともに不安定な状態にある。両方ともわれわれが評価するものの運命にかかっているからだ。この点で、評価するということはリスキーであり専有［私物化］的 proprietary である。リスキーであるというのは、われわれは評価において偶然に身をゆだねるからだ。もしわれわれが何ものも評価しなければ、死後の小惑星の地球衝突や世界的な不妊が予測されても、それは実際に起きるであろう仕方でわれわれを悩ませる力を持たないだろう。また評価することが専有的であるというのは、われわれは評価において未来への権利主張をする——未来がいかに進むべきかについての判断を行う権威を僭称する——からだ。ある意味で、評価するとは未来を支配しようとする試みの一種である。それは基準の一集合を時間に課して、われわれに対する答責性を求める試みだ。あるものを評価するとは、時間の移ろいやすさに抵抗すること、時間の経過は規範的権威を持たないと主張することである。物事は移ろうかもしれないが、何が重要かは**われわれが**決める、というのだ。**人間が**万物の基準であるというプロタゴラスの言葉は、この意味で理解されれば、誇らかな、それどころか倨傲な響きを帯びている。時間は最終的な権威を持たず、何が重要であるかをわれわれに語ることもない、というわけである。

評価することが通時的現象であるという事実はまた、われわれの生の中で安定化の役割を果たすこともできる。われわれは自分自身を、日々の経験の流れを通じて延びるコミットメントを持つ時間的に延長した存在として理解している、ということをわれわれの価値は表現している。われわれの通常の欲求は時間を越えて——それもとても長期にわたって——続くことがありうるし、実際にしばしば続くのだが、われわれの価値の存続にコミットしているということは、それがまさしくわれわれの価値であるということの一部をなしている（もっとも言うまでもなく、それはいずれにせよ変わりうるのだが）。そしていかなる価値もなしに生きられる生はそもそもほとんど人間の生として認められない。それはむしろハリー・フランクファートが「ウォントン〔抑制のない者〕」と呼んだ者の生に似ている。フランクファートによればウォントンとは人格でない行為者である。なぜなら彼の行為は単に「彼の一階の欲求のエコノミーを反映」しているにすぎず、それらの欲求を「評価するという企て」に対して無関心だからだ。(1)

4

私は次のトピックに移る前に、少し回り道をしてアルヴィ・シンガーの見解を論じたい。ご存じかもしれないが、アルヴィ・シンガーはウディ・アレンが彼の映画『アニー・ホール』で演じた人物だ。この映画の中には十九歳のアルヴィが母親に連れられて医師に会うフラッシュバック・シーンがある。アルヴィは宇宙が拡大しているという理由で宿題をするのを拒んでいる。彼は説明する。「宇宙はすべてのものを含んでいる。そしてもし宇宙が拡大していったら、いつかはバラバラになって、すべてのものが終わりになってしまう!」(2)アルヴィの早熟なオタクぶりを別にすると、このシーンが滑稽なのは、宇宙の最終的な終末が遠い先のことである――それは「何十億年」も起きないだろう、と医師はアルヴィに請け合う――ので、それを宿題をしない理由としてあげるのはコミカルだからだ。

だがもし宇宙の終わりがアルヴィ自身の自然な寿命の終わった直後に来るとしたら、私がおさらいしてきた議論は、彼の言い分が正しいかもしれないということを示唆する。アルヴィがそれでも宿題をすべき理由を持っているかどうかは深刻な問題になるかもしれない。しかしなぜこの相違があるべきなのか？　もし人類の生命が近く消滅するということが、われわれにとって多くの物事の重要性を今小さくするならば、なぜわれわれは人類の生命がもっと後で消滅するという知識から同様の影響を受けないのか？　われわれはそうなるべきではないかという執拗な感覚もまた、アルヴィが宿題をしないことを滑稽にする一因である。

それでも私は、アルヴィのような不安のエピソードを考慮はするが、一般的にはわれわれがそのような影響を受けないということを所与のものとする。われわれはたとえば不妊の世界におけるように感じたり振舞ったりはしない。われわれが平静を保つために必要とするのは、人類が不死であるということではなくて、それが自分の死後も不定期に長い間健康に生存するということである。私はわれわれが人類の不死に対して反対するとは思わない――個人にとって不死は退屈だろうと考えたバーナード・ウィリアムズも、人類全体の不死についてはそのような主張をしなかった(3)――が、私はこの点を言いはるつもりはない。われわれが人類の不死を望むべき**理由**を持っていると厳密に言えるかどうか、私には確信がない――示唆を受け入れる用意はあるが。その代わり、私の推測によれば、われわれはそれらの文脈では「宇宙の終わり」とか「数十億年」といった概念をどのように使いこなしたり、それどころか十分に把握したりできるかが単純にわからないのである。それらの発想はわれわれがある概念的・時空的パースペクティヴを採用することを要請するが、そのパースペクティヴの巨大な尺度は、われわれが日常生活の中で有意義な判断を行う際用いる、もっと制約された引照基準と調和させることが難しい。その結果、われわれは何が重要かに関する思考の中にそのような発想を統合しようとすると単純に困惑してしまう。われわれは極端に遠い未来に起きることについて煩わされることがありえない、あるいは煩わされるよう説得されることがありえない、というより、そもそもそれについてどう考えるべきかを実際に知らないのである。その理由は部分的には、われわれがそれについて考えるべき機会を持つ文脈がそれほど乏しいということにある。

5

私は規約として、「後世」という言葉によって自分の死後の他の人々の存在の継続を指してきた。今や私は、私の意味での後世ともっと普通に理解される意味での後世［自分の死後の生］との関係を考えてみたい。私がどちらについても同じ言葉を使うということと、両方とも人の死後におけるある人の存在の継続を含んでいるということ以外に、この二つの観念の間に何か興味深い関係があるだろうか？　私は便宜上、伝統的に理解された意味での後世を「個人的後世」と呼び、私の非標準的な意味での後世を「集合的後世」と呼ぶことにする。この用語法もまた規約的なものである。

集合的後世が人々にとっていかにして重要であるかと、個人的後世が人々にとっていかにして重要であるかとの関係を考えることから始めよう。普通に理解された後世の存在——個人的後世——を信じている大部分の人々がそれを大変重視しているということは明らかだ。それが重要だと思われるのはいかなる特徴のためだろうか？　この問いへの単純な答はない。その理由は部分的には、「普通に理解された後世」という観念が単純化されすぎているからだ。多くの宗教的・哲学的伝統が個人的後世に関するとらえ方を発展させてきたが、これらのとらえ方は相互に重要な点で異なっている。私はここでこれらのさまざまなドクトリンの複雑さにも、それらの間の相違にも、十分触れることができない。私の目的のためには、個人的後世の観念としばしば結びつき、多くの人々が重視してきた、いくつかの顕著な特徴だけを取り上げれば足りるだろう。

後世が人々にとって重要だった最も明白な理由、そしてそれゆえ私が一番述べるところが少ない理由は、単純に個人的生存それ自体の見込みである。私は他の人々の生存の方が自分自身の生存よりも重要であるいくつかの重要な理由があると論じてきたが、それでも個人的生存への欲求が多くの人々にとって極めて強力だということは明らかだ。ウィリアムズのように不死は望ましくないと論じてきた哲学者もいれば、[4]死は不運でも恐れるべきものでもないと論じてきた哲学者もいるが、[5]多くの人々はそれに説得されていないと言うのが正しいだろう。多くの人々は死ぬことを大変恐れ、可能な限り長生きしたいと望んでいるということは、私も強調したし、いずれにせよ明らかだ。[6]もし個人的後世の見込みが死の恐怖からの解放と個人的生存の見込みだけを与えてくれるとしても、それは多くの人々にとって圧倒的に望ましいだろう。しかしながら、これらのファクターの訴求力を過小評価はしなくても、後世は他の理由でも人々にとって重要だと認識することが肝要である。

その理由の中で極めて重要なのは、それが自分の愛する人々――自分がまだ生きている間に死んだ人々と、自分が死んだ後も生きている人々の両方――と再会する機会を与えてくれるとみなされてきたということである。私はこの種の再会への欲求が、死それ自体を避けたいという欲求とともに、人間が持つ最も有力な実現不可能な欲求の一つだと考える。これほど野心的でない、死んだ人とコミュニケートさえできればという欲求さえ、ほとんど耐えられないほど強烈になることがある。『ニューヨーク・タイムズ』の死亡通知を一度でも見てみれば、その最後に「追悼」欄が見つかるだろうが、その中で人々は愛する故人に直接呼びかけている――通常は彼らの誕生日か死亡日に。私は故人とコミュニケートしたいという欲求を完全に理解するのだが、なぜ人々は自分の愛する故人が死後も『ニューヨーク・タイムズ』を読み続けると確信しているのかと不思議に感じたことがあった。しかしながらよく考えてみると、これらの時として痛ましい親密なメッセージを公共の場に発表しようという欲求は、実際には、死者とのコミュニケーションの不可能性を覆そうとするなかなか巧妙な方法であると思えるようになった。大まかに言えば、その公然性がコミュニケーションの不可能性を覆い隠すのである――もっとも厳密になぜそうなるのかは、さらなる検討を要する魅力的な問題だが。しかしこの問題をさらに追求するのは本題から逸れすぎるだろうから、私は単純にこの現象を、人々が故人とコミュニケートしたり彼らに再会したりすることをいかに強く切望しているかの証拠として挙げるだけで満足しよう。個人的後世が人々にとってそれほど重要である理由の一つが、それがこの切望を満たす見込みを与えることにあるということは明らかである。

個人的後世が重要である第三の理由、あるいは理由の集合は、償い redemption、報い［「正当化」という意味もあり］vindication、正義という観念に関係する。伝統的に考えられてきた個人的後世は、この世の最悪の欠点が来世でどうにかして匡正されることになるという見込みを与える。残酷あるいは不正な行動によって栄えた人々は悪事の責任をとらされ、虐げられた人々は認められ、苦しみに報われるだろう、というのである。苦痛や貧困や喪失に耐えてきた人々もこれでようやく慰めと安らぎを得るだろう。罪なき人々の苦しみと悪人の勝利はこの世では実に耐えがたく受け入れがたいのだが、それらは一層広い文脈に置かれることになる。その文脈はそれらの苦しみと勝利に意味を与え、それらを償うある目的に仕えるものとして顕わし、理解し受け入れることができる仕方で説明する。これらのことがなぜ起きたのかをわれわれはようやく理解できるようになり、その説明は人を満足させる。それはわれわれをこの地上の耐えがたい残酷さと和解させる。要するに、この世の一見したところの不正が来世の宇宙的正義によって乗り越えられるのである。われわれが知っている人生の理解不可能な不公正は、人間世界について最終的な答ではなかったということが明らかになる。われわれは皆望んでいるものを手に入れるだろう――いくつかの答といくらかの正義を。そして個人的生存への欲求と愛する人々と再会したいという欲求とを別にすると、これらが伝統的な後世観念の訴えかける最も強力な人間的渇望かもしれない――理解と正義への渇望が。

これは個人的後世が人々にとって重要だと思われてきた第四の理由に多かれ少なかれ直接に結びつく。もし後世が存在せず、このようにして不正が実際に人間世界についての最終的な答だとしたら、われわれの現世の生涯は目的を持たず、何も究極的には重要でないと思われるかもしれない。何ものも罪なき人々の苦しみを償うことがなく、悪人の勝利をくじくことがないだろう。宇宙は罪なき人々が苦しむか否か、悪人が栄えるか否かを気にかけない。なぜなら宇宙は何ものも気にかけないからだ。そしてもし宇宙が気にかけないとしたら、われわれ自身が気にかけるということは無意味だと思われるかもしれない。なぜなら宇宙が気にかけないという事実は、結局本当に重要なものは何もないということを意味するからだ。善行と悪事を記載して最後に清算する宇宙的な帳簿［閻魔帳］は存在せず、物事は単純に生起し消滅するにすぎず、宇宙の正義も、宇宙の目的も、また究極的に重要な物事も、何一つ存在しない。だからわれわれが今何を行うかは本当は重要でない。そのいずれも究極的重要性を持たない。なぜなら何かが究極的に重要であるという発想は幻想にすぎないからだ。あるいは少なくとも、これは個人的後世が存在しないとしたらわれわれが引き出すべきだと一部の人々が考えてきたニヒリスティックな結論である。彼らにとっては、われわれの現世の一生がわれわれの通常の人間的な関心と熱望を正当化するような種類の目的あるいは意義を持つために、後世が存在すべきなのである。このように理解されると、個人的後世は、〈われわれの現世の存在には何らかの究極的な意味あるいは目的があるべきだ〉という深い人間的欲求に訴えかけるものである。

では要約しよう。個人的な後世は人々にとって（少なくとも）以下の理由から重要であると思われてきた。それは人々に次のものを約束すると思われてきたのである――個人的な生の存続、死の恐怖からの解放、自分の愛する人々との再会、宇宙的正義の実現、人生の最も厄介な問題のいくつかに対する満足させる解答、彼らの生涯は何らかの大きな目的あるいは意味を持っているという確信。もしあなたが疑い深い人なら、ここで私が手品師のように自分のささやかな教授の帽子から宇宙的なウサギを取り出して、〈集合的な後世はこれらの前提のすべての適切に再解釈されたヴァージョンを実際に与えることができる〉と証明しようとするのではないかと疑うかもしれないが、残念ながらそのような魔術の持ち合わせはない。私にわかる限りでは、いくら再解釈の曲芸をしてみても、集合的な後世は、われわれの個人的な生の存続や自分の愛する故人とのコミュニケーションあるいは再会や宇宙的正義の実現や善人が苦しみ悪人が栄えることの満足すべき説明を、いかなる興味深い意味においても与えてくれることはないだろう。集合的な後世の存在はわれわれの現世の関心を正当化しニヒリズムを避ける助けになりうるだろうか？　この問題は明らかにもっと混み入っている。それは事実上私がこの講義で論じてきた主要な論点の一つであって、少し後で戻ることになる。しかしそれに対する肯定的な回答さえも、われわれの生涯が何らかの大きな宇宙的目的あるいは意味を持つということを意味することはない——少なくとも私がこれらの観念を理解する限りでは。

しかしながら私の一次的な関心事は、後世へのわれわれの願望が満たされるか否かではなく、むしろそれらの願望あるいは欲求がわれわれ自身とわれわれの持つ価値について何を教えることができるかである。そしてここで私が思うには、個人的後世に対する人々の態度と集合的後世に対する態度の比較は、いくつかの興味深い共通の場をある程度まで持っている。人々が個人的後世を重要視する理由に関する一つの顕著な事実は、〈それらの理由は、集合的後世に対するわれわれの態度をすでに論じた際に認めた非利己主義・非個人主義的な特徴のいくつかを共有している〉ということである。人々が個人的な生存と死の恐怖からの解放に与えている重要性からすると、後世が人々にとって重要であるのは、もっぱら後世がこれらの点で与えるように思われる希望のためである、とわれわれは自然に想定してしまうかもしれないから、そのことはなおさら重要だ。個人的な生存や死の恐怖からの解放は確かに人々にとって重要だが、私が今述べた考慮は事態の別の面を示唆する。

それが示唆するのは、個人的後世に対する人々の態度は、なかんずく、二つの特に深い欲求を反映してもいるということである。第一の欲求は、評価された社会的関係の網の中で自分の位置を保全あるいは再建することが可能でありたいという欲求だ。第二の欲求は、正しい秩序ある世界、正義と公正の価値が支配している世界に生きることが可能でありたいという欲求だ。人々の態度が両者の欲求を反映している程度において、個人的後世に対する人々の態度は、集合的後世に対する態度を考察するときにわれわれが引き出す結論を補強する。すなわち、われわれは個人的後世を望めば望むほど、われわれの社会的世界の存続と繁栄をも望むのである。実際このケースで明らかになるように、この二つの願望ははっきりと区別できない。というのは、人々が持つ個人的後世の幻想が一次的には彼ら自身の生存と繁栄［幸福］flourishing に焦点を当てているときでさえ、彼らは通常自分が自分の大切に思う人々から離れて幸福であるとは想像していないからだ。それどころか、彼らはその人々との関係が回復され拡張されるだろうと想像している。そして彼らが全く孤立した後世を予測するとしたら、それはあまり訴えかける力を持ちそうもない。また人々は、自分自身の永遠の幸福が例外的な幸運になるとも、来世が一般的にこの世界とちょうど同じくらい残酷さと不正で満ちているだろうとも想像しない。人々はその代わりに、自分自身の永遠の幸福は、正しくて公正な社会秩序の一部である自分の愛する人々と一緒に生きることにあるということを暗黙のうちに当然視している。そしてそれが来世に関する彼らの幻想であるという事実は、この世界の中で彼らにとって重要であることについて何事かを語っている。それはまた人間の評価活動の非個人主義的性質を確証していて、〈個人主義の限界は個人的後世を信じない人々だけでなく、それを信ずる人々にもあてはまる〉ということを示す。

しかしながら個人的後世に対する人々の態度と集合的後世に対する態度との関係を考える際、最も興味深い比較は、それぞれがわれわれの通常の現世的一生の目的あるいは意義を裏打ちする役割に関するものである。すでに述べたように、多くの人々にとって、個人的後世が存在しない世界では何も究極的には重要でなく、だからわれわれが今何を行うかも重要でないように思われてきた。われわれの生涯には意味も目的も欠けていることになる。同様にして、集合的後世を論ずる際にも、もしわれわれが人類の生命はすぐに消滅すると確信していたら、われわれにとって現在重要なことの多くが自分にとって全く、あるいはそれほど重要でないと思われるだろう。このことは個人的後世と集合的後世に対するわれわれの態度の中に共通な基盤の別の点を示唆する。しかしこの共通基盤にもかかわらず、私はこの二つの態度の間には重要な相違があると信ずる。多くの人々は個人的後世が存在しなければ生は目的を失い通常の関心事は重要でなくなると真摯に信じているとはいえ、それでも証拠が示すところでは、個人的後世を信じていない人々の大部分は全く平気に生き続けることができるからだ。

別の言い方をすると、個人的後世を信じていないが人間的な活動・プロジェクト・関係全体を重視し続けるような人々がたくさん存在するのである。彼らは個人的後世の存在への信念を欠いているが、だからといって活動や出来事に意義を認める傾向は全然弱まらない。彼らは多くの異なる種類のプロジェクトや活動を価値あるものとみなし、自分がそれらのプロジェクトや活動に関与すべき十分な理由を持っていると考える。彼らは自分が深く評価する個人的関係を求めてそれに入りこみ、そのような関係の文脈内で生ずる独特の理由を認め、それによって行動する。さらに彼らは自分のプロジェクトと関係の追求において、それらのプロジェクトと追求の状況に依存するさまざまな感情の影響を受けるような位置に自らを置くのが普通である。要するに彼らの行動は、自分にとって重要なものが何一つ、あるいはほとんど何一つないような人には似ていない。彼らは個人的後世の存在を全然確信していないが、価値に満ちた生活を送り続けている。その生活は多種多様な評価された活動や他の人々との相互関係への心からの関与によって構築されているのである。

このことすべては、集合的後世への信頼を失ったときの人々の行動に関するわれわれの推測と明瞭な対照をなす。不妊のシナリオに関するわれわれの最初の推測は、〈不妊の世界の中では人々はそれまで価値があるとみなしてきた多くの種類の活動の価値を信じなくなるだろう〉というものだった。さらに、彼らは自分自身がそれまで理由を与えるものとみなしてきた多くの種類の身近な目的追求に従事すべき理由を持つとも考えなくなるだろう。また彼らがそれまで熱心に心から従事してきた活動は、今ではあるアパシーあるいは無関心を引きおこすだろう。これらの信念・熟慮・感情面における変化を考えると、人々が価値に満ちた生を送る能力は深刻に掘り崩されるだろう——。

もしこれらの推測が大まかにでも正しければ、それは劇的な結論を指し示す。個人的後世が人々にとって重要である一次的な理由は、それが個人的な生存を予期させるからであって、多くの人々はできる限り長生きすることを切望している。それでも個人的後世への信念の欠如は、個人的生存の予期を伴わない集合的後世への信念の欠如に比べると、人々の現世における目的追求の価値あるいは重要性への確信を掘り崩す蓋然性が実際にははるかに小さい。個人的後世の信念の欠如が人々をして、何も自分にとって重要ではないかのように考えさせ感じさせ行動させるに至る蓋然性は、集合的後世の信念の欠如の場合よりもはるかに小さいのである。これらの具体的な点で、集合的後世は個人的後世よりも人々にとって重要だ。別の言い方をすれば、集合的後世が存在するだろうというわれわれの確信は、個人的後世が存在するだろうというわれわれの確信よりもはるかに大きな程度において、他の物事がわれわれにとって今ここで重要であるということの条件である。

だからわれわれは第1講と同じ結論に、異なる出発点から到達したことになる。極めて基本的な面において、われわれ自身の生存、またわれわれが愛し一番大切にしている人々の生存さえも、見知らぬ人々の生存、人類それ自体の生存ほどにはわれわれにとって重要でない。明確化するために、私はこの結論を、生存に関して他の哲学者が引き出した他のいくつかの結論と区別する。一部の哲学者は、たとえわれわれが個人的後世に関する伝統的なとらえ方を斥けるとしても、やはりある重要な意味において少なくともわれわれの一部は自分自身の死後も生き続けると望めるので、ある意味で理解された個人的後世は全く不可能というわけではない、と論じてきた(7)。他の哲学者は、個人的後世は存在しないが、もしわれわれが個人の生存が何を意味するかを理解すれば、それは自分にとって今よりも重要でないことになるかもしれないし、他の人々の生存がわれわれにとって一層重要になるかもしれない、と論じてきた(8)。私の主張はこれらと対照的に、〈個人的後世はすでに実際に、われわれが考えがちなほど重要ではなく、人類の生存の方がわれわれにとって重要である〉というものだった。私はそう主張する際に、個人的後世へのわれわれの強力な衝動も、多くの人々が自分自身の死を想像する際に感ずる深い恐怖も、過小評価していない。

また私は日常的な人間行動の中で自己利益的な動機づけが重要だということも否定していない。私が言いたいのは、〈これらの態度にもかかわらず、ある特別な意味ではわれわれ自身の生存は人類の生存よりもわれわれにとって重要でない〉ということだ。人類の差し迫った消滅を予期する方が、他の事物をわれわれにとって重要なものとして取り扱うわれわれの能力へのはるかに大きな脅威となり、そうすることで、価値を持つ生涯をわれわれが送る能力の継続へのはるかに大きな脅威となるのである。

6

この結論に挑戦する一つの方法は以下のように論ずることである。──これまで示されてきたのは、〈個人的後世を信じない人々にとって、人類の差し迫った死滅という将来は、自分自身の死という将来以上に、価値に満たされた生涯を送る能力への一層大きな脅威となる〉ということである。しかしこの比較に関する主張は、実際に個人的後世を信じている人々にとっては真でない。彼らにとっては人類の死滅の見込みははるかに脅威ではない。彼らはいずれにせよ自分は死後も生き残ると期待しているからだ。それゆえこの議論が示しているのは〈価値を持った生を送る能力が確固たるものであるためには、人は自分自身の死後の生という個人的後世か他の人々の生存という集合的後世のいずれかを信じていなければならない〉ということにすぎない――。

第1講の最初で言ったように、私が一次的に関心を持っているのは個人的後世を信じていない人々の態度である。だから〈比較に関する主張はその人々にしかあてはまらない〉という示唆は、私が否定する必要のないものだ。しかしもしその主張が彼らにしかあてはまらないとしたら、この事実自体が、われわれにとって重要なものとみなされるべきである――自分は死後生き残ると信じていない人々が、それにもかかわらず、自分自身の死よりも人類の消滅の予期の方に一層脅かされるという事実が。まさにその反対のことが予想されたかもしれないのである。彼らは自分の死後も生き残るとは信じておらず、彼らの多くは生き続けることを必死に切望しているのだから、彼らにとっては人類全体が死滅するという予期よりも自分自身の死の予期の方がはるかに恐ろしいだろう、と予想してもよさそうなものだ。また比較に関する主張が誰にでもあてはまるとしたら、それは個人的後世を実際に信じていてそれゆえ自分の死後も生き続けると期待している人々にもあてはまることになる。この集団に属する人々はこれらの信念のゆえに、人類の滅亡の予期よりも自分自身の死の予期によって脅かされる程度が少ないだろう。

実際この最後の点が示唆するように、比較に関する論点が個人的後世を信ずる人々にあてはまるか否かという問題は一見したところよりも複雑である。結局のところ、これらの人々は自分の死後も生き残ると期待しているのだから、彼ら自身の予期される死は彼らが価値を持つ生を送る能力を脅かさないとわれわれは想定できるかもしれない。その低いベースラインと比較すると、人類の消滅の予期はもっと大きな脅威になるかもしれない。だがその一方で、自分自身の個人的後世を信じている人々は通常そのような後世が他の人々にも開かれていると信じているから、彼らにとってはこの地上における人類の生命の終わりもまたほとんど脅威とは思われないかもしれない。その場合正しい結論は、〈自分自身の死と人類の消滅の両方とも、彼らが価値を持つ生を送る能力への大きな脅威にはならない〉というものだろう。それでもこれは少し性急だ。近い将来地上から人類が消滅するとしたら、個人的後世を信ずる人々も、癌の療法を発見するプロジェクトのような、不妊のシナリオにおいても無意味になる未来志向のプロジェクトの多くに関心を失うことになるだろう。そしてこれらの影響がどのくらいの範囲を持つのかは明らかではない。

それでも、われわれが今考慮している挑戦がしているように、〈価値ある生を送る能力が確固たるものであるためには、人は個人的か集合的か、いずれかの形の後世を信じていなければならない〉と断言するのは正しいかもしれない。この主張はもし真だとしたら確かに重大だ。しかしそれが重要であるのは三つの理由によるもので、そのいずれも私が展開してきた立場に親しむものである。第一に、その主張は個人的後世への信念が持ちうる危険の一つに注意を向けさせる。その危険とはすなわち、〈そのような信念は地上の死滅に対して人々をあまりにも容易に和解させてしまい、その発生を防ぐ必要に対して鈍感にさせかねない〉ということだ。第二に、その主張は個人主義の限界についてすでに述べた論点を補強する。つまり、〈人間の評価活動は人類が未来を持っている——その未来が個人的後世であれ、それと全く異なる性質の集合的後世であれ——というわれわれの確信に依存している〉ということを確証する。最後に、その主張は私が述べてきた態度の意外な性質を再び強調する。個人的後世への信念がこの世での価値ある生を送る能力を保障するというのはおそらく意外なことではない。だがわれわれの中でその信念を持たない人々にとって、そのような価値ある生を送る能力が、自分自身の死よりも人類の消滅の予期によって一層脅かされる——われわれは死ぬことを望まないし、死後も生き続けると予想してもいないという事実にもかかわらず——という事実は、実際に意外なことである。

むろんこの結論が意外だという事実は、それが真であるということを疑うべき理由のように思われるかもしれない。もしわれわれが自分自身の存続よりも人類全体の存続を本当にもっと気にかけているとしたら、どうしてわれわれはそれに気づかなかったということがありうるのか？　この問いを提起する際には、私が引き出した結論の範囲が限定されていることを念頭に置かなければならない。私が主張したのは、われわれが一般に、あるいはあらゆる文脈において、自分自身の存続よりも人類の存続を気にかけているということではない。それは単に、ある重要な点においてそのように言えるということだけだった。繰り返しになるが、私の論点は〈われわれがこの世界における生の中で物事を重要だとみなし続けられるのは、われわれが自分自身の後世を信じているからというよりも、人類の存続を信じているからである〉というものだ。

もしこのことが意外だとわれわれに思われるとしたら、それは部分的にはわれわれが一般に集合的後世を当然視しているからだ。これが意味するのは、フィクションと哲学を別にすると、われわれは人類の破滅が差し迫った場合の反応を自分で体験したりそれに直面したりする機会を決して持たない、ということである。だから集合的後世がわれわれにとって有する重要性は隠されている。われわれはそれがどのくらい自分にとって重要かを認識していない。それと対照的に、われわれは自分がそのうち死ぬということを熟知していて、その事実に対する自分の反応も親しく知っている。これらの反応の力と自分自身の死に対するわれわれの態度が生活の中で果たしている中心的役割を前提とすると、〈われわれは現実には自分自身の存続よりも人類の存続を気にかけている〉という主張はばかげているように思われる。しかしそれはわれわれが間違った比較をしているからに他ならない。われわれがここで比較しているのは、自分自身の差し迫った消滅——われわれはそれが生ずることを十分知っている——に対するわれわれの反応と、人類の存続——われわれはそれを当然視している——に対するわれわれの反応だ。しかし有意義な比較対象は、自分自身の差し迫った消滅に対するわれわれの現実の反応と、もしわれわれが人類の差し迫った消滅を確信しているとしたらそれに対して持つはずの反応である。そしてこれに関する私の主張は〈多くの人々が自分自身の死を恐怖をもって予期するという事実にもかかわらず、ある極めて重要な点で、多くの人々は人類それ自体の差し迫った消滅に直面した場合よりも自分自身の差し迫った死を平静に受け止める〉というものだ。自分が死ぬだろうということを知っていても物事は彼らにとって重要であることをやめないし、予期される自分の死も、人類それ自体の予期される消滅ほどには、価値を持つ生を送る彼らの能力に憂鬱な効果を及ぼさない。

私が述べてきたことにもかかわらず、これはやはり意外なことだと思われ続けるかもしれない。もしそうだとしたら、それはわれわれがわれわれ自身に関する悪い評判を信じてわれわれの利己主義の程度を過大評価する傾向があるからだ。すでに述べたように、ある点においてわれわれが自分自身の存続よりも人類の存続を気にかけるという事実は、われわれの利己主義の限界について、重要ながら過小評価されてきたあることを示している。部分的には、これが指摘されるとわれわれが驚くということ自体、その過小評価ぶりを示している。だがここにはある区別が必要だ。われわれが自分自身の存続よりも人類の存続を気にかけるという断定は、二つの異なる意味で理解できる。その断定は〈われわれは自分自身の存続よりも人類の存続を確保するように動機づけられている〉という意味で解されるかもしれないし、〈われわれの心の平静は自分自身の存続への信頼よりも人類の存続への信頼に依存している〉という意味で解されるかもしれない。われわれの利己主義への言及は前者の解釈を示唆するかもしれないが、私があげてきた議論が支持しているのは後者の解釈だ。私の主張は〈われわれは未来の世代の利益を促進する方に一層動機づけられている〉ということではなくて、〈われわれはある点において未来の世代にもっと依存している〉というものだった。もしわれわれがこれを意外と感ずるとしたら、それはわれわれが自分自身の利他主義について盲目だからというよりも、われわれの独立性と自足性を過大評価してきたからである。しかしある点で、死がわれわれの自足性を限界づけているということはわかりきったことだ。死は個人の消滅にほかならず、われわれがいかに欲しあがいても、それを免れることはできない。だが私がここで繰り返してきた考慮は、われわれの自足性への別の種類の限界を示唆している。それらの考慮が示すのは〈われわれは自分以外の人類に降りかかる破局について、自分自身の死については持たないような傷つきやすさを持っている〉ということだ。そしてわれわれがたじろいでしまうほど意外だと感ずるかもしれないのは、他の人々に関するわれわれの傷つきやすさである。

むろん、もしわれわれの傷つきやすさが私の述べてきたほど大きいとしたら、おそらくわれわれは人類の存続の確保を助けるようにもっと強く動機づけられるべきなのかもしれない。その意味でもわれわれはもっと非利己主義的であるべきだ。われわれが未来世代の利益に配慮すべき理由は、しばしば未来世代への正義の責務として概念化されたり、子孫に対するわれわれの責任として見られたりする。このようにして責務と義務について語ることは、〈未来世代のわれわれとの関係の目につく特徴は、われわれが彼らに対して持つ力とわれわれへの彼らの依存である〉と考えるわれわれの傾向を補強する。そしてそれは、未来世代の利益を考慮すべき理由を、われわれ自身への配慮を凌駕すべき道徳的理由として描く。しかし私が提唱してきた諸考慮が示しているのは、〈われわれは未来世代の利益に配慮すべき全く別の種類の理由も持っている。それは単純に、彼らがわれわれにとってそれほど重要だからである〉ということだ。ある意味で、未来世代の存続はわれわれの存続よりもわれわれにとって重要なのである。この観点から見ると、顕著な特徴は彼らがわれわれに依存しているということではなくて、むしろわれわれが彼らに依存しているということだ。これは彼らが明らかな仕方で実際われわれに因果的に依存しているということを否定する趣旨ではない。しかし私が素描してきた観点から見ると、未来世代がわれわれにとって重い責務の源泉であるというよりも、われわれに因果的に依存しているということの方が歓迎すべき機会を与える。というのは、集合的後世が個人的後世よりもわれわれにとって重要である程度において、未来世代が一層われわれのコントロール下にあるということは幸運だからだ。われわれの死後の人類の存続と繁栄を促進するためにわれわれができることは実際に存在する。たとえば気候変動や核拡散の問題を解決するための行動をとるといったことがそうだ。それとは対照的に、われわれが自分の死後の生存を促進するためにできることは何一つない。だからおそらくもしわれわれが未来世代に依存している程度を認識したら、それは彼らのために行動しようというわれわれの決意を強化し、その意味でもわれわれを非利己的にするだろう。

しかし私はこう言った後で、〈われわれは自分自身の存続よりも人類の存続を一層気にかけると言えるかもしれない〉と述べた際に行った、気にかけ方の二分法は単純すぎると思うと言わなければならない。〈われわれは人類の存続を確保するように動機づけられているという意味ではなしに、われわれはそれに依存しているという意味で一層気にかけている〉と言うのは単純すぎるのである。私の思うに、〈われわれは自分自身の存続よりも人類の存続を確保するように強く動機づけられてもいる〉と言える文脈が少なくともいくつかある。たとえばあなたが次の二つの選択肢から選ぶことになると想像してみよう。もしあなたが選択肢2でなく選択肢1を選べば、あなたはすぐに死ぬが、人類はその後長く存続する。もし選択肢1でなく選択肢2を選べば、あなたはもっと長生きするが残りの人類はすぐに死滅し、あなたは残る年月を地球上ただ一人の人間として生きることになる。あなたはどちらを選ぶだろうか？　私は死に対する自分の嫌悪は他の誰とも同じように強いと思うが、躊躇せずに選択肢1を選ぶだろうし、皆さんの多くもそうだろうと思う。もしそうだとしたら、人類の存続の方が自分自身の存続よりもわれわれにとって重要なのだが、それは単にわれわれが前者に依存しているという意味だけではなく、われわれがある文脈ではそれをもたらすように強く動機づけられているという意味でもそうなのである。

しかしながら少なくとも私自身の場合、これらの選好を、これまで気づかれていなかった利他主義予備軍と解釈するのはミスリーディングだろう。私が選択肢2よりも選択肢1を選ぶ理由は〈今の私にとって重要なことは私の死後の他の人々の存続に依存している〉という私の認識を超えていて、その程度において、それらの理由は第一次的には〈他の人々のいない世界に生きることは価値のない世界、何もあるいはほとんど何も重要でない世界に生きることになる〉という確信から来ている。実際、私は自分だけの生存に対する選択肢が、人間社会が私の死後も存続するというものではなしに、私を含む誰もが死ぬというものであってさえ、地球上ただ一人の人間として生きることを選ばず、一緒に死ぬ方を選ぶだろう。この選好について一番顕著なのは、それがわれわれの利己主義の限界についてだけでなく、われわれの個人主義の、同様に気づかれていない限界についても顕わすことである。別の言い方をすれば、それは人間の評価活動が持つ強度に社会的な性質を反映している。相当程度まで、社会生活が継続するという想定が、価値ある生と私が呼んだものをわれわれが送る能力の暗黙の先行条件なのだ。われわれが地上で一人だけ生きるよりも死ぬ方を選ぶ程度において、そのことがわれわれに教えてくれるのは〈われわれは自分以外人間が住んでいない世界の中では生きるに値する生を送ると大して予想していない〉ということである。(9)

7

人生はあまりに短いが、この二回の講義は十分に長かった。私の主要な主張を要約することで講義を終わりにしよう。私は〈われわれの死後の人々の存続は、それ自体としても、今重要である他の多くの物事が重要であることをやめないための条件としても、われわれにとって大変重要である〉と論じた。極めて重要ないくつかの点において、現実にわれわれは個人的後世の存在よりも自分の死後の他の人々の存続を気にかけているし、人類が近々消滅するということは、私が「価値ある生」と呼んだものを送る能力に対して、自分自身の死の予期が持つよりも大きな破滅的影響を持つだろう。これらの事実はわれわれの利己主義の限界と個人主義の限界の両方について何かを教えてくれる。これらの事実はまた人間の評価活動のいくつかの一般的特徴の解明に役立ち、その保守的・非体験的・非帰結主義的次元に光を当てる。さらに価値と一時性との間の複雑な関係をも明らかにする。評価するということは、それ自体が通時的な、すなわち時間的に延長された、活動である。それはまた、われわれがある仕方で時間を支配し、時間をわれわれに対して答責性あるもの——その反対ではなく——としようとする方法の一つでもある。意外なことではないが、時間は私が論じた不妊のシナリオに対するわれわれの反応の中でも一層直接的に、そしていくつかの仕方で、現われる。なかんずくそれらの反応は、われわれの確実な死にもかかわらず未来との人格化された関係を作り出そうとするわれわれの欲求の証拠である。そしてわれわれの死後他の人々が存続することがわれわれにとって重要である理由の一つは、われわれがその関係設立に成功するためにはそのことが必要だからだ。実際、人類が消滅するという予期がわれわれの各人にとってなぜそれほど恐ろしいかというと、その理由の一つは、われわれが個人としても集団としても時間とその恐怖を支配するために用いてきた戦術のすべてをそれが最終的に打破してしまうからだ。しかしその予期が恐ろしい理由はまた、物事が重要だという確信が、〈われわれ自身がいなくなった後でも人類の生命は続くだろう〉という確信によって、われわれがめったに認めない程度にまで維持されているからでもある。この点において、すでに論じたように、人類の存続はわれわれが通常実感しているよりもわれわれのそれぞれにとって重要だ。実際この点において、それはわれわれにとって自分自身の存続よりもなお重要なのである。

注

（1） Harry Frankfurt, "Freedom of the Will and the Concept of a Person," *Journal of Philosophy* 68 (1971) : 5-20, at 12; at 13.［「意志の自由と人格という概念」門脇俊介＋野矢茂樹編・監訳『自由と行為の哲学』春秋社、二〇一〇年］

（2）『アニー・ホール』脚本・ウディ・アレンとマーシャル・ブリックマン。http://www.dailyscript.com/scripts/annie_hall.html でオンラインで見られる。

（3）Bernard Williams, "The Makropulos Case: Reflections on the Tedium of Immortality," in *Problems of the Self* (Cambridge: Cambridge University Press, 1973), 82-100 を見よ。ついでに言えば、ウィリアムズの論文にインスピレーションを与えたオペラ『マクロプロス事件』の作曲者ヤナーチェクにそのような主張を帰することもできない。このことはヤナーチェクの別のオペラ『利口な女狐』の最後の場面（「フォレスターの別れ」）——この作曲家の葬式に演奏された、ウィリアムズ自身も大変高く評価していた場面——からかなり明らかだと思われる（そのオペラの台本の英訳は Timothy Cheek, *The Janáček Opera Libretti: Volume 1* [Lanham, MD: The Scarecrow Press, 2003], 172-8 の中に見出せる。ウィリアムズは "Janáček's Modernism: Doing Less with More in Music and Philosophy" の中でこの最終場面に言及していて、この論文は彼の *On Opera* [New Haven: Yale University Press, 2006], 118-20 の中に含まれている）。

ジェイムズ・レンマン James Lenman は "On Becoming Extinct" (*Pacific Philosophical Quarterly* 83 [2002], 253-69) の中で、人類がいつかは死滅するだろうということを前提とすると、それが早いか遅いかは非人格的なパースペクティヴから見れば違いがないと論ずる。彼はしかしながら、われわれはそれが早いよりは遅い方を選好する十分な（とはいえ阻却可能な）「世代に基礎を置く」理由を持っていると言う。また彼は非人格的観点からも「世代に基礎を置く」パースペクティヴからも、人類の死滅が望ましいと論じているわけでもない。

（4）Williams, "The Makropulos Case," in *Problems of the Self* を見よ。ウィリアムズの立場に関する

詳しい議論は第3講を見よ。

（5）最も有名な例は『メノイケウスへの手紙』のエピクロスと『物の本質について』のルクレティウスである。エピクロス的立場の現代の擁護論は Stephen E. Rosenbaum, "How to Be Dead and Not Care: A Defense of Epicurus," *American Philosophical Quarterly* 23 (1986): 217–25 を見よ。私は死の恐怖の合理性を第3講で論ずる。

（6）ミゲール・デ・ウナムーノは「不死への渇望」と題された章の中でこれらの態度に記憶すべき表現を与えている。

> 私は霊魂不死の信仰の不条理性を証明する議論を与えられている。しかしこれらの理屈は私を動かさない。それらは理由であって理由以上のものではなく、心は理由では満たされないからだ。私は死にたくない。そう！　私は死にたくないし、死を願うことも願わない。私はいつまでも永遠に生きていたい。そして私はこの哀れな私、今ここで自分自身だと感じている私として生きていたいし、その理由から、私の霊魂、私自身の霊魂の継続という問題に苦しめられている。
>
> 私は私の宇宙の中心、宇宙の中心であって、私は苦悩の中でミシュレと共に叫ぶ。「私の私よ！　奴らは私の私を盗むのだ！」

The Tragic Sense of Life in Men and Nations, translated by Anthony Kerrigan, edited and annotated by Martin Nozick and Anthony Kerrigan (Princeton, NJ: Princeton University Press, 1971), 51.

（7）Mark Johnston, *Surviving Death* (Princeton, NJ: Princeton University Press, 2010). を見よ。

（8）Derek Parfit, *Reasons and Persons* (Oxford: Clarendon Press, 1984), 281-82［パーフィット『理由と人格』（森村進訳、勁草書房、一九九八年）95節］を見よ。

（9）しかし本文で述べた選択の代わりに、ニコ・コロドニが私に示唆した次のヴァリエーションを考えてみよう。もしあなたが選択肢1を選べば、ここでもあなたはすぐに死ぬことになるが人類はその後長く存続する。しかしもし選択肢2を選べば、あなたは老齢まで生きるが人類はあなたが死ぬその時に死滅する。もしあなたがこの条件下で選択肢1を選ぶとしたら、それは地上ただ一人の人間として生きたくはないという欲求のためではありえない。

第3講　恐怖と死と信頼

人が自分自身の死をどのように予期すべきかについて、私はまだ何も言っていなかった。すでに述べたように、ある重要な無視されてきた意味において、われわれにとって人類全体の生存が自分自身の生存よりも重要だとしても、自分自身の生存が重要でないと主張するとしたら、それはばかげている。個人的生存を求める欲求は大部分の人々において極めて重要だ。それだけでなく明らかに、人々が死を免れないという性質を意識することが、人々のそれ以外の態度や信念に深遠かつ全面的な影響を及ぼしてきた。とはいえ、人が自分自身の死に対していかなる態度をとるべきかは昔からの難問である。私はここで、この問題が引き起こしてきたパズルと困惑のいくつかを検討したい。私は人が自分自身の死の見込みに対して持ちうるさまざまな態度の合理性を査定し、それらの査定が、集合的後世のわれわれにとっての重要性についてこれまで到達した諸結論とどう関係するかを検討しよう。

では自分自身の死の見込みに対していかなる態度をとるのが合理的なのか？　人々はひどく苦しんでいるときに自分の死を願うことがある。それほど極端でない状況の下では、多くの人は死を恐れ、それにおびえる人もいる。また平静に死と向き合って受け入れることができる人もいる——あるいは、私はそう聞いている。この問題に関するエピクロスとルクレティウスの著作は人々を魅了し続けているが、彼らは死を恐れるべき理由をわれわれは持たないと論じた。「だから最も恐ろしい病である死はわれわれにとって何ものでもない。われわれが存在するとき死はわれわれのもとになく、死がやってくるとき、われわれは存在しないからだ。すると死は生者にも死者にも関係しない。前者にとって死は存在しないし、後者はもはや存在しないからである[1]」。

この文章に対してすぐ出てくる反論の一つは、〈それはわれわれが死を恐れるべき理由を持たないということだけでなく、誰一人として死を望むべき理由を持ちえないということも含意するようである〉というものだ。想像してみよう。サディストのエピクロス主義者の手にかかって恐ろしい拷問にかかっている犠牲者が、自分を殺すように頼んだとしてみよう。そしてこのエピクロス主義者の拷問者がこう答えたとしてみよう。「お前がそれほど熱望している死はお前にとって何ものでもない。お前が存在するとき死はお前のもとになく、死がやってくるとき、お前は存在しないからだ。すると死は生きているときのお前にも死んだ後のお前にも関係しない。前者にとって死は存在しないし、後者はもはや存在しないからである」。この拷問者の答がばかばかしいと思われるとしたら、死を恐れる人々に対するエピクロス自身の答も同じくらいばかばかしいということになりそうだ。

ほかにもフレッド・フェルドマンが「われわれの大部分は［エピクロスの議論を］詭弁とみなさないわけにいかない」(2)と書いたという事実もあるのだが、それでもやはり哲学者たちはこの議論のどこが間違っているのかを言うのは容易でないと考えて、彼らの多くはこれを死に関する彼らの省察の出発点としている。しかしながら彼らはそうする際にエピクロスの議論の結論を別々の仕方で解釈してきた。たとえば、彼らの多くはエピクロスが〈死は死ぬ人にとって悪くない〉あるいは〈死はその人にとっての不運あるいは害悪ではない〉と論じたと理解してきた。これを〈第一のエピクロス的結論〉と呼ぼう。私は別の主張から始めよう。それは〈人は自分の死を恐れるべき理由を持たない〉というもので、これを〈第二のエピクロス的結論〉と呼ぶことにする。この二つの主張の間の関係は明確でない。一見するところでは〈あるものがある人にとって悪いときに、そしてそのときに限って、その人がそれを恐れるべき理由を持つ〉ということは明白ではない。

しかしながら一部の哲学者は、〈第一のエピクロス的結論〉に反対して論じても、その議論が〈第二のエピクロス的結論〉にどう関係するかを明らかにしなかった。たとえばトマス・ネーゲルは、死は当人から将来の善——その中には「知覚、欲求、活動、思考」が含まれる——を奪うから悪でありうると論ずる。(3)このいわゆる「剝奪説」は哲学者の間でかなり人気があるが、むろん批判者もいる。しかしながらこの理論が死の悪さに関する説として有する長所はここでは問題でない。私にとっての問題は〈もしこの理論が死の恐怖について何かを語るとしたら、それは何か？〉だ。ネーゲルはこの問いを扱っていない。だから彼が自分の説はそのような恐怖が合理的だということを示すと考えているのかどうかは明らかでない。つまりネーゲルが自分の説は〈第一のエピクロス的結論〉だけでなく〈第二の結論〉をも覆すと考えているのかどうか、それは明らかでないのである。〈第二のエピクロス的結論〉に対する反論として解すると、剝奪説はおそらく〈人が自分の死を恐れることは実際に合理的である。なぜなら死はその人から将来の善を奪うからである〉と判断するだろう。一見したところ、この示唆は完全に人を満足させるとは思われない。人が自分自身の死を予期すると、自分が特に期待している何らかの経験や機会――たとえば子どもの結婚や孫の誕生を見る機会――が死によって奪われることを恐れるというのは本当だ。しかしこれらの種類の懸念は一般的であり時には深刻だが、多くの人々が自分自身の死を考えるときに経験する、特別に強力な恐怖の性質を完全にはとらえていないようである。

少なくとも一部の人々においては、この私――私の考えを考え、私が知覚することを知覚する者――が単純に存在をやめることになるという、独自の奇妙な性質の思念が生み出す独特の恐怖が存在する。これはある気分においては一種の眩暈をもたらしうる思いである。それは異様で、不可能とさえ感じられるかもしれない（ネーゲル自身が死に関する彼の以後の著作の中で強調しているように(4)）。私は自分にとって重要だったものを失うとか善いものが終わってしまうという経験を持ったことがあるが、これらの経験を持ったのは私である。これらの喪失や終焉は痛ましいことではあるが、私自身の（知覚された）継続的存在を背景として経験されたものだ。しかし私の理解する死とは、これらの経験を持ったその私こそが今や終わるということを意味する。自己中心的な主体――私のこれまでの経験すべてに確固たる背景を与えてきたもの――それ自体が終わるのである。この見込みに対応する私の唯一の資源は、悲しみとか後悔とか怒りとか不安といった一群の態度を私自身に引き受けることを含んでいるように思われる。これらの態度は、自己が引き続き存在し喪失をこうむるような環境に適合しているのだが、その主体自体に向けられると、係留点を失うことになる。そしてそのことはパニックを引き起こす、あるいはその可能性がある。それは全く理解不可能で恐怖をもたらし、不可能とさえ思われるかもしれない。詩人フィリップ・ラーキンの表現によれば――

これは特別の種類の恐怖だ
どんな手段も追い払うことができない……(5)

このような種類の恐怖が合理的であるということを示し、〈第二のエピクロス的結論〉を斥けることが剝奪説にできるかどうか、それは決して明らかではない。この理論はそれ自体としては、死の恐怖の不合理性に関するエピクロス的主張に単純に関わっていないからだ。そのため剝奪説は二つの深刻な限界を持つことになる。それは第一に、エピクロス的立場への応答としては制限されている。その立場の究極の動機づけはまさに、死の恐怖は不合理であると証明して人々を安心させようというものだった。エピクロス派は「形而上学を用いて恐怖と戦う」[6]とでも呼べる戦術を用いているので、もし剝奪説がその戦術と目的を無視するとしたら、それはエピクロス的立場の核心に触れないことになる。剝奪説自体は死の重要性に関する独立の評価としても限界がある。というのは、死は害悪であるか否かという問題の関心の多くは、われわれが自分自身の死の予期をいかに見るべきかへの含意に存するからだ。死がその人にとって害悪であるという主張は、この特定の害悪に対していかなる態度をとるのが適切であるかに関する主張によって補われなかったら、われわれにとって不十分なものと思われるに違いない。

むろんトマス・スキャンロンの「責任転嫁 buck-passing」説のような価値理論もある。それによれば、特定の対象の善さあるいは悪さに関する主張は、〈その対象はわれわれがそれに対して特定の態度をとるべき理由を与える性質を持っている〉という趣旨の主張として理解されるべきである。[7] するとこの説によると、〈死はある人物にとって悪い〉という主張は〈われわれは自分の死に対してある態度をとるべき理由を持っている〉という主張として理解されるべきだ。これは死の善さあるいは悪さに関する評価的な主張を、死に対するわれわれの態度の合理性に関する規範的な主張に還元することになる。この説はそうすることで、剝奪説を単に評価的な主張だけでなく規範的な主張も行うものとして解釈する道を開く。だがこの方法の問題は、責任転嫁説自体は、特定の善あるいは悪に対していかなる態度が合理的であるかを何も語らないということだ。だからかりに剝奪説が責任転嫁説のレンズを通して見られたとしても、それはやはり、死に対する恐怖という態度が特別に合理的なものであるか否かについてわれわれに何も語らないのである。

バーナード・ウィリアムズはその論文「マクロプロス事件」において、ネーゲルと同様〈第一のエピクロス的結論〉を斥け、死は通常害悪でないと論じた——その論拠はネーゲルのものとは少々異なるが[8]。彼の論文は、死の恐怖の合理性に関する問題を取り上げない、つまり〈第二のエピクロス的結論〉に取り組んでいない、という点でもネーゲルと共通している。しかしながらウィリアムズはこの二つのエピクロス的結論の間の相違にも注意を払い、死が恐れるべきものか否かという問題を明示的に脇にのけている。彼の主たる目的は、死は通常害悪であると示すほかに、〈それでも不死の生は無意味なものになってしまうから、死はある意味でわれわれの生に意味を与える〉と論ずるというものである。しかし彼は死が恐れるべきものか否かという問題を取り上げないとはいえ、それについて自分の立場が肯定の答を排除しないということを興味深い仕方で示唆する。彼の見解によると、死が生に意味を与えるという事実にもかかわらず、死を害悪とみなすことは合理的でありうるのだが、それと全く同じように、死がわれわれの生に意味を与える条件であるという事実にもかかわらず、われわれは死を恐れる理由を持ちうる、と彼は論じてはいないが示唆する。私の信ずるところではこれらの態度の結合は実際合理的であって、その理由について私は後でさらに述べよう。だが私がまず検討したいのは、ウィリアムズ自身の立場の二つの要素――〈死は害悪である〉という主張と〈死はわれわれの生に意味を与える〉という主張――を支持する彼の理由である。

死は害悪であるというウィリアムズの議論は、彼が定言的欲求と条件的欲求の間に行う区別に基づいている。ある欲求は生命の継続を条件としている。もし私が生き続けるとしたら、私は自分の歯に詰め物をしてもらうために歯医者に行きたいと望むが、私は歯に詰め物をしてもらうために生き続けたいと望むわけではない。それと対照的に、もし人が定言的に、あるいは無条件に何かを望むとしたら、その人の欲求は条件的ではない。あるいはウィリアムズの言い方では、それは「自らの存在の想定にかかっていない」(86)。たとえば私は、自分の長編小説を完結させたいとか自分の子どもたちの成長を見たいとかいった定言的欲求を持つかもしれないが、もしそうだとしたら、私は死に抵抗すべき理由を持つことになる。死はそれらの欲求が実現できないということを意味するからだ。そしてこのことは私が死を害悪とみなすべき理由を持つと言うのと同じである、とウィリアムズは言う。

さてここで次のことに注意すべきだ。もし定言的欲求が、その人が死ぬと実現できない欲求として理解されるとしたら、条件的欲求と定言的欲求の二分法はすべての欲求を含むものではない。たとえば、私は気候変動が逆転することを欲求しているが、この欲求は今述べた意味では条件的でも定言的でもない。私は自分が生き続けるという条件の下でのみ気候変動の逆転を望んでいるわけではないが、その欲求が実現されるために私が生き続けている必要はない——私がいなくても気候の逆転は起こりうる。ウィリアムズはそのような欲求の可能性を否定しないが[9]、それが存在するということは、「もし私が何かを欲求するとしたら、他の条件が等しければ、私は自分がそれを得られない事態よりもそれを得る事態を選ぶ」(83)という彼の発言によってぼかされてしまう。「それを得る」ためには本人が生きていなければならない、と考えるのが自然なことだろう。しかしそれは何らかの仕方で自己言及的な欲求だけに言えることだからだ。もし私の望むことが自分の子どもたちの成長を見ることならば、私がそれを「得る」ということは自分の子どもたちの成長を見ることであって、そのためには私は生きていなければならない。しかしもし私の望むことが気候変動の逆転ならば、私がそれを「得る」ということは気候変動が逆転することであって、そのために私が生きていることは必要でない。また次のことも注意する価値がある。自分の歯に詰め物をしたいという欲求のように私が生きていることを条件とする欲求ではなく、むしろ私が死んでいることを条件とする欲求もある。言い換えれば、それらの欲求は私の存在ではなく不存在にかかっている。たとえば私は多くの人々が私の葬儀に参列することや、私の小説が死後百年たっても読まれることを望むかもしれない。もしそうだとしたら、これらは私が死んでいるという想定の下で私が望むことである。私は多くの人々が私の葬儀に参列するために、あるいは私の小説が死後百年たっても読まれるために、死ぬことを望むわけではない。条件的欲求と定言的欲求だけで欲求が尽くされるわけではないということは後でいくらか重要になるが、私はここでウィリアムズの立場の第二の要素に話を転じよう。それは〈死はわれわれの生に意味を与える〉という彼の主張である。

一見すると、死の害悪に関するウィリアムズの説は不死を支持する直截な一応の議論を生み出すように見える。彼の言うところでは、定言的欲求は未来に向けて人を駆り立てるから、われわれは定言的欲求を持っている限り死に抵抗すべき理由を持つ。もしわれわれがそのような欲求を持っているとしたら、死を避けるべき理由を常に持つし、もしわれわれが死を避けるべき理由を常に持つとしたら、不死を望むべき理由を持つように思われる。それにもかかわらず不死を望ましくないものとするのは、ウィリアムズによると、不死は実際には定言的欲求を消滅させ、倦怠 *boredom* に至るからである。すでに述べたように、私はウィリアムズとともに、不死は望ましくなく、ある意味で死は生に意味を与えると論じたいが、私の論拠はウィリアムズのものと違うと思う。実際のところ、私は彼の論拠を理解していると確信してもいない。

この疑念の一つの元は、ウィリアムズが論拠とする例がエリナ・マクロプロスだという事実である。彼女はその名を持つヤナーチェクのオペラとその原作であるカレル・チャペックの劇の登場人物だが、他にも同じEMという頭文字のいくつかの名前を持っていて、ウィリアムズは彼女を通常EMと呼んでいる。EMは自分がもう十分生きてきたという結論を出して、四十二歳のまま三百年生きた後、比較的若い三百四十二歳で不死を捨てようと決心する（これがいくら混乱した数え方と思われるにせよ）[10]。彼女の決心に関係してウィリアムズの解釈するところの諸考慮は、本当に不死そのものの諸特徴から来ているのか、それとも極端な長命の諸特徴から来ているのか、その点が極めて不明確だ。たとえば人間にとって通常の寿命が一千年だと仮定してみよう。これを「とても長寿」と呼ぼう。あるいはそれが百万年（「超長寿」）あるいは十億年（「ウルトラ長寿」）だと仮定してみよう。三百四十二歳のEMはこれらの仮定の下ではそれまで生きてきて幸福だったということになるだろうか？　もしそうでなくて、EMがやはり一生を終わりにするように決意するとしたら、ウィリアムズが語る倦怠は不死の存在の特徴あるいは帰結ではない。それはいかなる極端な長命にも等しくあてはまる特徴だが、極端な長命という基準は不死には足りないからだ。

実際のところ、ウィリアムズが述べているEMの苦境は、不死の見込みが特に提起する問題というよりも、その時点までの彼女の生活経験の産物であるように思われる。その意味で、それは彼女の状況の未来向きの特徴よりも過去向きの特徴から来ている。三百四十二歳になった時の彼女の倦怠は「四十二歳の特定の人間に起きうることと意味を持ちうることのすべてが、彼女にはすでに起きてしまった」(90)という事実と関係している。彼女の性格は四十二歳ですでに形成され固定されていて、彼女に起きうることと意味を持ちうることのすべてが三百四十二歳までにすでに起きてしまったということは、その固定された性格と関係している。その時点で、新しい経験は彼女に本当の変化を与えず、彼女は世界との現実的な関わり合いができなくなる。ウィリアムズが書いているように、「彼女の倦怠と生からの距離は［定言的］欲求を殺すとともに、その死でもある」(91)。そして定言的欲求の死は、彼女が生き続けるべき理由をもはや持たないということを意味する。

もしEMの問題がウィリアムズの述べているようなものだとしたら、もし彼女が求めていたものが不死――永遠の四十二歳――ではなくて、単にウルトラ長寿か超長寿、いやそれどころか、とても長寿にすぎなかったとしたら、これは助けにならない。結局のところ、彼女の中で定言的欲求を殺したものは、永遠に四十二歳でいるという見込みではなくて、その年ですでに生きてきた三百年なのである。ひとたびこの三百年が経過すると定言的欲求はすでに消滅して、EMはそれ以上四十二歳であり続ける理由を持たなくなる――ウルトラ長寿あるいは超長寿あるいはとても長寿はもちろん、一瞬たりとも。

このことは疑問をもたらす。——不死のマクロプロス・モデルでは、人は四十二歳という特定の年齢に達して永遠にその年齢に留まるのだが、これはウィリアムズの目的にとって最善のモデルだろうか？　現にウィリアムズはある代替的なモデルを考慮していて、そこでの不死の生は、心理的に結びつかない一連の生を生きることとして特徴づけられる。彼はこのモデルを斥けるが、その理由は、それは私が欲するかもしれないものとしての不死にとって必要な二つの条件を満たせないと彼が考えたからだ。その条件とは〈永遠に生き続ける人物は私である〉と〈私が生き続ける状態は、今の私が生き続けるのを望む際に持っている諸目的と何らかの関係がある〉というものである。人はこの反論に反駁しようとするかもしれないし、ウィリアムズが考慮しない他の不死のモデルもあると論ずるかもしれない。しかしわれわれの目的にとって重要な点は、〈もし結びつかない一連の生というモデルが本当に不十分だとしたら、マクロプロス・モデルの欠点と同様にそのモデルの欠点も、不死が問題になるよりもずっと前に現われるだろう〉ということである。私がもうすぐ死ぬのに対する選択肢として、新しい、心理的に結びつかない一生涯に乗り出す機会を与えられたとしてみよう。そしてこの新しい一生涯は私が欲すべき理由を持っていた形態の生存ではないと考えるウィリアムズが正しいとしてみよう。するとこの事実は、結びつかない複数の生が永遠に連鎖するということには基づいていないことになる。この形態の一生涯の生存が持つ欠点は今ここで十分明白であって、かりに私が、結びつかない一連の生が通常の死によっていつかは終わる――とても長い時間がたってからだが――と聞かされても、その欠点はほとんど減少しないだろう。

だから私が言ったように、ウィリアムズの懸念が不死そのものに関する懸念なのか、それとも長生きしすぎることに関する懸念なのかは明らかでない。実際のところ、〈ウィリアムズが究極的に関心を持っていたのは、彼の診断が正しいとすると通常の死すべき生の核心にあることになる問題である〉と考えるべき理由がある。その問題は、性格を持つことと世界に関わり合う能力との間に存在するある緊張関係についてのものだ。われわれがすでに見たように、EMの場合、彼女が三百四十二歳になったときに定言的欲求を持ち続け周囲の世界と関わり合い続ける能力を制限すると思われたものは、彼女の性格の一貫性なのだが、それはすでに四十二歳の時に固定されていた。そして彼女が世界に関わり合い続ける能力を持たないということが倦怠を生み出し、それは彼女をして自分にとって可能な不死の生存を終わらせることになる。だからここには、性格を持つことと生に関心を持つ能力との間に緊張関係があるように思われる。ウィリアムズは書いている。――不死でない人にとって、倦怠とは「単に退屈な状態ではなくて、環境への自らの関係の貧しさに対する、ほとんど知覚的な反応である。倦怠を**考えられない**ものたらしめるほどのものがなければ、永遠の生のためにはならない。それは何だろうか？　あらゆる瞬間に夢中にさせてくれると保証できるものだろうか？　しかしもし人がある性質を持ちそれを保持していたら、そのようなものがありうると考えるべき理由は存在しない」(95)。

性格の一貫性を放棄することによってこの緊張関係を解決することはできない、なぜならその場合人は〈生き残って生に関心を持つ人物は自分自身である〉という確信を持つべき基盤を持たないからである、とウィリアムズは示唆する。知的活動は特別に「あらゆる瞬間に夢中にさせてくれる」かもしれない、という示唆に対して彼は書いている。──「しかしもし人が完全に永遠にそのような活動に夢中になって我を忘れてしまうとしたら、これらの言葉が示唆するように、われわれはまた〈永遠に生きるのは私である〉と〈永遠の生には何らかの興味が見込まれる〉という条件を満たさねばならないという問題に引き戻される」(96)。ウィリアムズがそう言っているわけではないが、生を究極的に破滅させる倦怠の源泉は**自分自身**である。人は生きる理由、あるいは自分の生存を気にかける理由を持つためには、定言的欲求を持たなければならない。人は定言的理由を持つからこそ、夢中にさせる活動や世界との関わり合いへの参加が可能になる。そうすることにおいて、人は我を忘れられる。しかしながら一貫した性格を持つことは無我夢中の没入の可能性を制限する。それは結果として定言的欲求の消滅と世界からの引きこもりに至る。しかし人は一貫した性格がなければ自分自身として生き続けることができない。それゆえ人は自分自身として生きるならば、定言的欲求が最後は消滅するだろうと予測せざるをえない。すると人には自分自身だけが残されて、この世で出口のない種類の倦怠に運命づけられることになるだろう。ウィリアムズがその論文の最後のパラグラフで言うように、「では定言的欲求が、生きようとする欲求を維持するとしてみよう。それが残っている限り、私は死ぬことを望まない。しかし私は、これまで述べたことが正しいとしたら永遠の生に生きる価値がないということも知っている。部分的には、EMのケースが元来示唆したように、それは定言的欲求がそこから消滅するからである。彼女のケースのようなそれらのヴァージョンの中に私自身もいると認めているのだが、その中で私は最終的に私自身をあまりにも多く持つことになる」(100)。

永遠の生はこの問題を正面に押し出すが、それはこの問題の究極の源泉ではない。究極の問題はもっと深くて、人間の生に関する問題である。われわれは自分の生を生き周囲の世界と関わり合おうと欲する。定言的欲求はわれわれに生きる理由を与え、そのような関わり合いを支える。しかしわれわれが世界と関わり合って自分の欲する種類の生を生きることに成功するとき、その成功は活動の中に夢中になって我を忘れることによって成就する。われわれがそもそも維持しようとするだけの価値あるものとして自らを定義するに足るだけの一貫した性格を持っているとしたら、最終的には定言的欲求は消滅するに違いないが、そのときわれわれは自分自身とともにあり、われわれ自身は最終的に倦怠する。本当の問題は〈人が生きる理由は、ある意味では自分自身として生きない理由である〉ということだ。生きたいと望むのは私なのだが、私は自分を失うことによって——自分でないことによって——生きたいと望む。これはウィリアムズが正しいとしたら人間の経験の核心にあることになる逆説あるいはパズルであって、不死の帰結というよりも、われわれ死すべき人間に常につきまとっているものだ。それがEMを破滅させるような種類の痛切な実践的問題に至る前に、ほとんどの人々は死亡する。とはいえそうでない人もいるし、私がすでに強調したように、彼女の問題は三百四十二歳という比較的若い年齢でも耐えがたいものになったのであり、それは彼女がすでに送ってきた極端な長寿の結果であって、将来見込まれる不死のゆえではない。

［ウィリアムズの議論と］対照的に、私は不死自体のいくつかの問題点を考察したい。言い換えれば、私は〈われわれは死ぬべき必要があるが、それはもしわれわれが不死だったら、人間の生の条件にすでに内在している問題にいつかは屈するからではなくて、むしろ不死の生がある意味でそもそも生でないからである〉と考えるべき理由を示そう。(11)

基本的な論点は単純だ。われわれの生は時間的限界を持っているという理解によってどこまでも形成されているので、その理解をやめることは、われわれが自分の生を評価し、その延長を望む際の諸条件を疑問にさらしてしまうのである。(12)たとえば、われわれは人間の一生を、誕生に始まり死に終わる、段階を持つものとして理解しているし、その個々の段階をそれぞれに特徴的な任務と課題とありうべき報償を持つものとして理解している、という事実を考えてみよう。段階の個別化は文化によって異なるし、人間生活の状況の変化は新しい段階を現実に生み出してきた。それでも人生は段階を持つと理解されているという事実は、われわれの生物としての存在と身体的な誕生・成熟・老化・死亡という現実に対する普遍的な反応であると私は考える。人にとって可能な目標と活動に関するわれわれの集合的な理解、人が直面する課題〔挑戦〕、合理的に希望できる満足――これらはすべてそれらの段階に結びつけられている。各段階の達成 accomplishments と満足 satisfactions が達成と満足として認められているという事実自体が、当該の段階との関係――その段階のためにはどれだけの時間がかかるか、諸段階の継続の中でそれはどの位置を占めるか、その段階における人間の身体的・精神的・社会的能力はいかなるものか――に依存している。われわれは成熟した大人の喜びと達成が、子どもに可能だとかふさわしいとは考えないし、青年にとっての喜びと達成が、老人に可能だとかふさわしいとも考えない。われわれが幼児期や青年期や老年期の喜びと危険について現にそのように考えているのは、暗黙のうちにこれらの段階を、それぞれに期待される長さおよび他の諸段階との関係を持った諸段階の進展の一部として見ているからである。

人間生活の中で、また人間生活に関するわれわれの理解の中で、喪失・病気・怪我・損害・リスク・危険といった事柄が果たしている役割も考えてみよう。われわれがこれらの物事を回避・予防・最小化・対処・克服・学習してそこから生き延びようとしてどれだけの努力を払っているか、これらの努力がわれわれの選択をどれほど拘束し、優先順位をどれほど決定しているか、それを考えてみよう。私があげた喪失・病気・怪我・損害・リスク・危険という概念はすべて、その内容の多くを〈われわれの生には時間的な制限があり、われわれはいつも死から免れず、確実に最後はそれに屈することになる〉という絶えざる認識から導き出している。しかしこれらの概念がなかったら、死の存在しない生の中ではこれらの概念はすべて疑問にさらされるだろう。しかしこれらの概念がなかったら、健康・獲得・安全・安心・利益といった概念が何を意味するかも同じように明らかでない。そしてこれらの概念が何ら役割を果たさないような人間的熟慮を考えることは難しい。不死の存在も快楽と苦痛を感じ続けると想定すれば――そしてこれは些細な想定ではないと私は考える――彼らもその熟慮の中で獲得と喪失という基本的な快楽主義的概念を用いる余地はあるだろうが、それらの熟慮の性質はわれわれのものとはやはり根本的に異なるだろう[13]。

ここまで私は当初のウィリアムズと同様に、不死とは「この世界の中で肉体を持つ人格として生きること」(90)、ただし永遠に生きること、を含むと理解してきた。私が繰り返してきた考察が示唆する結論は〈われわれはそのように理解された不死の意味をほとんど理解できない〉ということだ。最も基本的なレベルにおいて、われわれはその生物的な意味を理解する明白な方法を持たないのである。このことはすでにEMの物語の中に暗黙に含まれていて、われわれが上演の際に彼女を登場人物としてどのように表現すべきかという問題を考えると、それははっきりと現われる。通常の人間のライフスパンによれば、三百四十二歳の女性はむろんとてつもない老人で、このことは、ＥＭが老衰の極に達した人物として表現されるべきだということを示唆する。しかし不死でありうるということを考えれば、ＥＭはむろんとても若いので、おそらくは生まれたばかりの赤ん坊として表現されるべきだろう。だがいずれの可能性も演劇の観点から見ると特別に有望とは思われないから、演出上はＥＭを永遠の四十二歳として表現しようという決定が極めて賢明である。だがむろんこの決定さえも、問題になっている不死が一方向的なものとして理解されることを要求する。それは終わりを持たないがそれにもかかわらず始まりを持っている生なのである。さもなければ、われわれはＥＭが四十二歳あるいは三百四十二歳あるいは何であれ何歳かであるということを考えられないし、彼女がどこから来たのかという難問に生物学的に答えることもできない。

このような諸問題のプレッシャーから、そうでなくても多くの人々が望んできたように、われわれは不死を一種の非身体的存在を含むものとして理解するという再概念化の方向に向かう。このような不死はこれらの論点を回避できるほどに通常の生と異なっている。しかしこのようにしてわれわれの生物的条件——生物としての性質——が課する拘束のすべてを無にしてしまうと、われわれはもはや人間の生を認識可能な意味で考えられないということが一層明らかになる。われわれは次のような生物を何とかして想像しつつある。—

—彼らはわれわれに似ていると考えられるが、われわれのような仕方で肉体を持つことがなく、生の諸段階を経過せず、それらの段階と特徴的に結びついた課題や成功や破滅を何も知らず、生き抜くために働く必要がなく、危険にさらされたりそれを克服したりせず、年を取らず、死やその危険に直面せず、自分に与えられた有限な時間と機会を活用しなければならないという必要が決してないのである。もっと一般的に言うと、われわれが想像しようとしている生物は、われわれが行う悲劇的な選択の経験、それどころか難しい選択の経験にあたるものを彼らの生存の中でほとんど持つことがないし、究極的に希少な資源である時間が課する制約という背景の下で行われる決定という、われわれの経験を全く持たない。しかしいかなる人間的決定もその背景の下で行われるのだから、われわれは不死を想像する際に、人間的決定を実際上行わない存在を想像していることになる。

従ってそのような存在の中で人間的な価値がいかなる位置を占めるかも明らかではない。たとえば、われわれの価値判断は時間の制限に対する反応である。それらの制限、特に決定の文脈で課される制約のために、われわれは優先順位をつけ、何が行為や配慮や選択に値するかに関する考え方の下で自らの生を導かなければならない。そのような制限がなかったら、われわれがそもそも価値的な諸観念によってどの程度導かれているかも明らかでない。ジョン・ロールズは「正義の状況」というフレーズを用いて、資源の穏当な希少性のような、正義が一つの徳として生じその規範が必要となる諸条件に言及した。[14] われわれはアナロジーによって「価値の状況」というフレーズを用いて、評価する［価値づける］という態度が人間生活の中で重要な役割を果たすことになる諸条件に言及することができよう。そしてそれらの条件の中でも顕著なものは時間の希少性である、と私は示唆している[15]。

自分の生がいつまでも続きうるということをわれわれの多くは時として望みたくなるが、その時われわれがしばしば望んでいるのは、自分が今送っている生の何らかのヴァージョンが終わりなしに続くということである。その生は改良ヴァージョンかもしれないが、ともかく認知可能なヴァージョンだ。しかしもし私の言ってきたことが大体において正しいとしたら、その願望は混乱していることになる。われわれが持っている生の観念について本質的なのは〈生は時間的に限定されていて、最初と中間と最後を持ち、またその正常な軌道を定義する発展段階を持っている〉ということだ。時間的限界を持たない生というものは、もはや生ではない。それは円周を持たない円が円ではないのと同じだ。だからある存在者の永遠の存在がどのようなものだとしても、それは単にわれわれの生がもっと続くといったものではない。〈死はわれわれの生の概念にとって本質的である〉という言明は「生」の規約的定義に基づくトリヴィアルな真理にすぎないのではなくて、実質的な所見である。それは〈われわれが最も大切にしている生の諸側面――愛情と労働、親密性と達成、創造性とユーモアと連帯、その他すべて――が皆われわれにとっての価値という地位を持つのは、それらがわれわれの有限な生の中で果たす役割のゆえである〉ということを思い出させる。この論点は単に〈死というものがなければ、われわれは生として考える習慣があるものを持たないことになる〉というだけのことではない——確かにそれは真ではあるが。もっと重要な論点は〈われわれの生を生きるに値するものたらしめる諸価値へのわれわれの確信は、われわれが評価する事物が、自分自身のような時間的限界を持つ生物の生の中で置かれている位置に基づいている〉というものだ。不死はそれらの事物を享受するための永遠をわれわれに与えない。それどころか、そもそもそれらの事物を評価する条件を掘り崩してしまうのである。(16)

われわれの価値への確信は、われわれが時間的に制限された生を送る死すべき存在であるという地位に基づいていて、不死はその確信を掘り崩すことになる、と私は論じてきた。この議論は〈死は生に意味を与える〉というウィリアムズの結論への別のルートを与える。しかしながらこの結論は奇妙だと、それどころかばかげていると、思われるかもしれない。それはわれわれが死を歓迎すべきだと、あるいは少なくとも恐れるべきでないと、示唆するようだからである。そうだとすると、この結論は形而上学を使って恐怖と戦おうとするまた別の空しい試みだと思う人がいるかもしれない。しかし死がわれわれの生の意味を保障するという役割から、死を恐れるのは不合理であるという結論を引き出すのは明らかではない。結局のところ、われわれが〈自分の生は、ある物事がなければもっと悪いものになる〉と認めるとしても、われわれはそれらの物事を恐れるべき理由を持つ、ということは珍しくない。たとえば、歯医者に行くとか、家を初めて出るとか、リスクはあるが全体的に一層報いのある活動に取り組むといった例を考えてみよう。われわれの価値への確信を支えるにあたって死が役割を果たすからといって、死の訪れがかなり遅くなるようにわれわれが望むのを妨げるものは、確かにそこには何一つない。またすでに述べたようにウィリアムズ自身、〈たとえわれわれが死は生の意味を確保する役割を果たすと認めても、やはりわれわれは死を恐れるべき理由を持つかもしれない〉という可能性を明示的に残している。それでもこれは都合の悪い態度の組み合わせだ。多くの人々は死を特別に恐ろしいものと見ている。この見方が合理的であると受け入れながら、それと同時に不死は望ましくないと認めるのは、ごく控え目に言っても、奇妙で不安定な立場である。

だが実際には、私の考えるところ、われわれはある点でこれ以上に不安定な態度の組み合わせを持つことが正当化される。しかしその理由を説明する前に、恐怖の合理性についてもう少し言わせてほしい。死を恐れるのが合理的であるということにわれわれは同意すべきだろうか? 〈第二のエピクロス的結論〉はこの問題に否と答える。エピクロス的仮説によれば、死の恐怖は実際には、死んでいるという想像上の経験を恐れることである。エピクロスの議論は、これは混乱しているとするものだ。死んでいるという経験は存在しないのだから、恐れるべき対象は存在しないというのである。一部の人々と違って、私はこの診断が全然もっともらしくないとは思わない。私の信ずるところでは、進んで認めるかもしれないよりも多くの人々が、〈死んでいるという経験の恐怖〉とでも呼べるものの下にある。おそらくこの恐怖が明瞭になるのは、人々が自分の愛する人々の近くに埋葬されて、死後寂しくないようにしたいと望んだり、自分の埋葬場として陰気な暗い場所よりも明るくて景色のよい場所を選んだりするときだ。もっともらしくないのは、〈死を恐れる際に人々が恐れているのは、死んでいるという、想定された経験だけである〉というエピクロス的診断が完全であるという考えにすぎない。少なくとも多くの人々にとってここにはそれ以上のものが残っているということは明らかだと思われる。しかしながらすでに述べたように、私は剝奪説がこの残余を説明する自然な方法だとは思わない――死は自分が待ち望んでいる出来事の証人あるいは参加者となる機会を自分から奪ってしまうだろう、と人々が時として実際に恐れることは事実だとしても。またここでの論点は、〈人々は決してこの種の恐怖に襲われない〉ということではなく、〈そのような恐怖がすべてではない〉ということにすぎない。多くの人々が自分の死の見込みについて独特の恐ろしさを認めるのには、何か他のものもある。

だが彼らがそうするのは合理的だろうか？　人々が生きていることを喜び、生き続けたいと思っていると想定すると、私としてはそれが合理的でないという理由を見つけるのが難しい。多くの人々が自分自身の死を考えるときに経験するタイプの恐怖は特別の種類のパニックであって、それは自己中心的な主体――人の思考と態度すべての主体であって、この態度の中には、自分自身の死を考えるときに経験する態度自体も含まれる――が存在しなくなるだろうという見込みが引き起こすものである、と私はすでに示唆した。このパニックは、〈人のその他の態度すべて――その中には喪失と剝奪の他の実例に対する態度も含まれる――は自己の存続を当然のものとしてきたが、その自己が存続しないということこそが、今考えられているのであり、自分が今持っている態度自体の対象である〉という認識によって深刻になる。もし恐怖が、認知された脅威あるいは危険に対する典型的な反応だとすると、また自分の存在の不本意な終了を脅威とみなすことが不合理でないとすると、死の恐怖は不合理ではない（あるいはともかく不合理とは限らない）。

形而上学を使って恐怖と戦う人々の中にはこう論ずる人もいるだろう――この説の中に出てくる、存続する自己中心的主体という観念は幻想だから、死の恐怖はそのような主体を前提する程度において正当化されない、と。私はこの見解は信じがたいと思うが、ここではそれを論じない。ただし次のことだけは言っておこう。この見解が死の恐怖は不合理だということを示すためには、それは〈重要な意味において自己中心的主体は存在しない〉ということだけでなく〈人々がその存在を信ずるのは不合理である〉ということも示さなければならない。そうでなければ、たとえ死の恐怖が実際には虚偽である自己の形而上学を想定しているとしても、その恐怖は合理的かもしれないからだ。また次の点もある。

もしその議論が成功するとしたら、それは〈われわれの存在が終わるということはありえない。なぜなら重要な意味において、われわれはそもそも存在しないからである〉という証明に成功するからであって、そうするとその情報にいかに反応するのが合理的であるかは未解決の問題である。〈われわれは将来存在しなくなる〉という見込みを考えるよりも〈われわれは現在存在しない〉という事実を考える方がいくらかでも慰めになるだろうか？　それを疑う人もいるだろう。

自己の性質に関する考慮に訴えかけて死の恐怖は不合理だと論ずるのではなく、恐怖の性質に関する考慮に訴えかける議論もある。私が念頭に置いている議論は〈恐怖というものが合理的あるいは不合理である可能性がある限り、それは常に命題的な態度であって、命題をその対象としている〉という主張から始まる。命題的恐怖は恐怖という状態とは区別されなければならない、と議論は続く。その状態は生理学的喚起 arousal という不随意的状態であって、それは合理的でも不合理でもないというのである。[17] われわれが自分の恐怖を述べる際の言い方は、関連する命題的対象を同定する that 節［「ということ」］を用いて、命題的性質を明確化することがある。たとえばわれわれは、自分が家賃を払えなくなるということを恐れている afraid とか、自分が職を失うということを恐れているとか言うかもしれない。しかしわれわれの言い方が命題的性質を明確化しないときでさえ、われわれの恐怖の対象はしばしば命題的だ。たとえばわれわれは、テストの落第を恐れるとか、爆発を恐れるとか言うかもしれないが、これらのケースにおいてわれわれの恐怖の対象は、自分がテストに落ちるということや爆発が起きるということである。この議論は続けて、命題的恐怖はわれわれが恐れている事柄が生ずるかどうか確信を持てないときにのみ経験できる態度である、と言う。この意味で、そのような恐怖は常に不確定性 uncertainty に対する反応である。たとえば、もし私が苦痛を伴う医療措置を受けなければならないと確信していたら、私は苦痛を伴う医療措置を受けなければならないということを恐れていることがありえない――とはいえ、むろん私はそのことでとても不幸になるかもしれないが。同様にして、もし私が家賃を払えないということを確信していたら、私は家賃を払えないということを恐れていることがありえない――とはいえ、家賃を払えないことは私をみじめにするだろうが。さてこの不確定性の要請から、〈死を恐れることは決して合理的ではない〉という結論が出てくると言われるかもしれない。私は自分がいつか死ぬということを確信しているのだから、私がいつか死ぬということを恐れるのは合理的ではありえない(18)。確かに、死の見込みは時として私に不随意的な生理的反応――汗をかき、心臓が早く打つなど――を経験させるかもしれないが、非命題的な恐怖の状態を構成するこれらの不随意的反応は合理的でも不合理でもない、というのである。

私は恐怖がここに示唆された二つの形態のいずれかを常にとるに違いないというのはもっともらしくないと考える。恐怖は不確定性の要請に従う命題的態度か、あるいは理性に反応しない不随意的な生理的状態かのいずれかに違いない、と言われる。しかしこう想像してみよう。――私は歯医者の椅子に座って、計画された措置を待っている。歯医者がやってきて、この措置を受ける人の五〇パーセントはそれをとても痛いと感ずると私に言って、それから部屋を去る。今検討している見解によると、歯医者がいなくなった今、私は二種類の恐怖に襲われているかもしれない。私はその措置がとても痛いという命題的恐怖を経験するかもしれない。また発汗や動悸などによって特徴づけられる不随意的な生理学的喚起の状態を自らのうちに見出すかもしれない。さてここで歯医者が戻ってきて、彼は私が受ける措置について思い違いをしていたと言うと想像しよう。実際の措置は、患者の一〇〇パーセントがとても痛いと感ずるものだったのだ。歯医者のこの言葉を聞いた結果、今の私は自分がその措置をとても痛いと感ずるだろうと確信する。提案されている見解によると、私の命題的恐怖は消滅するに違いない。――私はその措置が痛いだろうということをもはや恐れないだろう、なぜなら痛いだろうということを確信しているからだ。そして私の恐怖という状態は継続するかそれどころか強まるかもしれないが、それは合理的だとも不合理だとも呼べない、なぜならそれは不随意的な生理学的喚起の状態にすぎないからだ――。しかしこれはもっともらしくない。**その措置は痛いだろうということ**を私が恐れていることはありえない、というのは真かもしれないが、それでも私は〈私はその**措置**を恐れている〉と言えるかもしれない。そしてなぜ私はその措置を恐れているのかと問われたら、私は〈私がそれを恐れているのは、それが痛いだろうということを確信しているからである〉と言うことができよう。私はこのように言うことにおいて、単に生理学的喚起の状態を報告しているのではなくて、理由に反応する態度を表出している。私は歯医者の発言が私の恐怖の態度の理由を与えると考える。そしてもし私がその発言は理由にならないと信ずるに至るとしたら——たとえば、廊下から聞こえる笑い声のおかげで、歯医者の予言が意地の悪いエイプリルフールの冗談にすぎないということがわかったために——私の恐怖の態度は消え失せるはずだ。理由に反応するこの態度は、命題的恐怖の一種として解釈することもできるが[19]、その場合、そのような恐怖は不確定性の要請に従わない。あるいはそれを非命題的恐怖の一形態として解釈することもできるが、その場合、そのような恐怖は実際に合理的でありうる。そしてこれは死の恐怖についても同様だと私は信ずる。われわれは自分が死ぬことになると確信しているから、**自分が死ぬということ**の命題的恐怖を持つことがありえないかもしれないが、それでも**死ぬこと**あるいは**死**を恐れることとはありうる。そして後者の恐怖は、理由に反応しない単なる不随意的な生理的状態ではない。

しかしこの点について私が間違っているとしてみよう。恐怖に関するこの提案された見解が正しくて、合理的でも不合理でもないような死の恐怖を持つということがありえないとしてみよう。たとえそうだとしても、われわれが死に対して持つ態度の中には不確定性の要請に従わず、同様に〈第二のエピクロス的結論〉と調和しない、理由に反応するものが他にもたくさんある。たとえば、われわれは死がやってくることを確信していても死を怖がる［dread であって fear ではない］かもしれないが、それは自分がとても痛い医学的措置を受けざるをえないと確信していてもそれを恐れるかもしれないのと同じだ。怖がることdread は不確定性の要請に従わないのである。われわれはまた自分の死の見込みに恐れおののいたり唖然としたりする be horrified or aghast するかもしれない。われわれを精神的苦しみから解放してアタラクシア［無感動］を達成させたいと熱望するエピクロス主義が〈われわれは自分の死を恐れることがありえず、それを怖がったり恐れおののいたり唖然としたりすることがありうるだけである〉と言っても、それは空しい弁明である。それは死が「われわれにとって何物でもない」ということを示さない。するとと私自身の見解は〈死を恐れるのは合理的である〉というものになる。私はこの想定に基づいて進むが、誰かが今論じてきた線に沿って〈われわれは死を怖がることはありうるがそれを恐れることはありえない〉と論じたいならば、その人たちは以下の議論に適当な言い換えを加えることができる。

そういうわけで、われわれはすでに述べた奇妙で不安的な立場にあると私は信ずる。死を恐れることは不合理ではない——〈不死は望ましくなく、ある意味で死は生に意味を与える〉とたとえ認めるとしても。実際のところ、すでに述べたように私自身の見解は〈われわれはこれよりもある意味でさらに不安定な態度の組み合わせを持つことが正当化される〉というものだ。私が「後世」の講義の中で、〈われわれ自身の死の見込みはわれわれが評価するものへの確信をほとんど脅かさないが、全体としての人類の死の見込みはとても大きな脅威になる〉と論じた理由を説明しよう。自分自身が死んだ後も他の人々が生き続けるだろうという信頼なしには、現在われわれにとって重要である物事の多くは重要でなくなるか、重要性を減ずる。たとえば、癌の治療法を発見しようといった多くのプロジェクトは、その究極的目標が自分自身の生きている間に達成されないとわかっていても取り組まれているということをわれわれは見た。それでもそのようなプロジェクトがわれわれにとって大事だということは、われわれの死後起きることがわれわれにとってとても重要だということを示す。ある企ての一次的な成果が自分の死後にならなければ実現しないとしても、自分の生をそれに捧げることは有意義でありうる、とわれわれが考えるだけで十分なのだ。この点をウィリアムズの以前の区別を使って言うと、これらのプロジェクトが成功すればよいというわれわれの欲求は、われわれの生存を条件とする欲求でもなければ、〈その実現はわれわれの生存に依存している〉ということを含意する意味での定言的な欲求でもない。たとえわれわれが死んでもその欲求は実現されうる。そしてわれわれの死の見込みはそのプロジェクトから価値を奪うこともなければ、今のわれわれにとっての重要性を失わせるわけでもない。それと対照的に、もしわれわれが差し迫った人類の消滅に直面したとしたら、これらのプロジェクトは無意味と思われるだろう。それらはわれわれにとって重要であることを、あるいは追求に値すると思われることを、やめるのである。

すでに見たように、自分自身の死後も人類の生命が続くだろうという想定に基づいてわれわれが関心を持ち関わり合う活動は、癌の治療法を発見しようというような目標志向のプロジェクトだけではない。他の多くの活動に見出される価値も、人類が生存するだろうというわれわれの信頼に依存していて、差し迫った人類消滅の見込みは、価値ある生——評価される活動への心からの関与によって組織される生——を今ここで送るわれわれの能力を広範に脅かす。しかしながら私はこれらの主張を支持する議論を繰り返すよりも、集合的後世に関する私の結論が、本講で私が論じてきた一次的な問題とどう関係するかを説明したい。その問題とは、自分の死に対してどのような態度を持つのが合理的かというものだ。

私はすでに、〈不死は望ましくないと認めながら自分自身の死を恐れるのは、われわれが持つことを正当化しうるような組み合わせかもしれないが、奇妙で不安定な態度の組み合わせである〉と言った。しかしもし私が考えるように、個人的な不死と同様、差し迫った人類滅亡もわれわれの評価の確信を侵食する傾向があるとしたら、すでに述べたように、われわれが持つことを正当化される態度の組み合わせは実際に一層不安定かもしれない。一方において、死の恐怖は一部の人々にとって特別の強さを持っており、もし私が正しければ、それは不合理とは限らない。他方において、われわれが価値ある生を送る能力は、われわれが死ぬことになるという事実と両立可能であるだけでなく、実際にはそれに基づいている。両立不可能なのは、われわれが死んだ後すぐに地上の人類が消滅するという見込みである。だからわれわれの死の恐怖は合理的かもしれないが、われわれの価値への確信は、自分自身の生存への確信に依存するよりもずっと大きな程度において、自分の死後の他の人々の生存への確信に依存している。実際、われわれ自身の永遠の生存はそれ自体でその確信を掘り崩すことになる。少々単純化して言えば、われわれの価値へのわれわれの確信を維持するために必要なのは、われわれが死んで他の人々が生きることである。しかしこのことは、われわれが自分の死を平静に見るべきだということを意味しない——もっともわれわれの中にはそうする人もいるだろうが。それはまた、もしわれわれが死を恐れているとしたら恐れるのをやめるべきだということも意味しない。死の恐怖は、確信についてい私が述べた諸考慮によって掘り崩されないのである。

こう問われるかもしれない。——個人の生存については時間の希少性が価値の環境の一つだとしたら、なぜ同じことが人類の生存についても言えないのか？　もしわれわれの価値へのわれわれの確信が〈諸個人としてのわれわれが持つ生は有限である〉という認識に基づいているとしたら、なぜその確信は人類の時間的な有限性の認識によって脅かされなければならないのか？　それに対する答は〈自分自身の個人的可死性をわれわれが認識することは個人としてのわれわれの態度の形成に影響を及ぼし、特に、いかなるものが行為や配慮や選択に値するかに関する考え方に従って自分の生を導く必要性をわれわれに認めさせる〉というものだと私は考える。そうすることにおいて、可死性の認識は価値に関するわれわれの観念の形成と発展の中に最初から含まれている。ところが人類の時間的有限性に関する認識はそのような役割を果たしていない。一方において、その認識は諸個人の評価的思考の中に含まれていない。それどころか、私が論じたように、人類の生存――永遠ではないにしても、少なくとも不定の長期間の生存――へのわれわれの確信は、われわれがわれわれの活動の多くの価値を個人として確信するための語られざる前提条件である。他方において、人類全体はそれ自身の態度を持つ統一された主体ではない。それは個人とのアナロジーで、人類の有限な存在の認識によって形成されるような態度を持っていない。だから個人レベルにおける時間的希少性は個人の人間経験と評価に関連する態度とに形成的・全面的な影響を及ぼすのだが、人類全体に適用してみると、時間的希少性の認識が同じようにして形成する態度を持つ統一的な主体は、いかなるレベルでも存在しないのである。

すると私の結論は、われわれは次のような奇妙で不安定な立場にあるというものだ。部分的には、われわれの確信はわれわれが恐れているまさにそのものに依存している。われわれは死を恐れるが、死はわれわれが評価するものの重要性への核心を維持するために必要である。そしてわれわれは、死がわれわれの確信を維持する役割を認識しているかもしれないが、そのことは、われわれが死を恐れるのは不合理だということを意味しない。同時に、われわれの確信は人類の生命の継続にも依存している。それは特に自分自身の死後の人類の存続に依存していて、その重要性はわれわれが認識している以上のことがある。この点をヤナーチェクのオペラに即して言えば、〈『マクロプロス事件』の教訓は『利口な女狐』の教訓と一緒である〉ということになるかもしれない。[20]

もし私が論じてきたことが正しいとしたら、われわれの価値へのわれわれの確信は死と人類の生存の両方に依存するということが出てくる。この両者のうち、死は避けられないもので、それにもかかわらずわれわれの多くはそれを恐れるが、人類の生存は必然的なものではないが、われわれの大部分はそれに対する脅威を不十分にしか恐れていない。われわれが人類の生存への脅威を不十分にしか恐れていないという意味は、〈その脅威は深刻だから、一層大きな恐怖が正当化される〉ということでもあれば、〈もしわれわれがその気になればその脅威を克服できるかもしれないので、恐怖が大きい方が有益な機能を果たすだろう〉ということでもある。しかしながらわれわれは、自分たちが防止できないことを恐れる——たとえそれがわれわれの確信を脅かさないとしても——のに、自分たちが防止できるかもしれないことを恐れない——たとえそれがわれわれの確信を脅かすとしても。私の信ずるところでは、まさにこの点において、そしてこの点においてのみ、死に対するわれわれの複雑な態度が単に奇妙で不安定であるにすぎないものから、不合理なものになるのである。たとえ死がわれわれの確信を脅かさないとしても、われわれが死を恐れることは不合理ではない。しかしもしわれわれが、われわれの確信が依存している人類の生存への一層深刻な脅威を十分に恐れず、それを克服しようとしなかったら、それは不合理かもしれない。これはそれ自体として重要な結論であり、また死と確信との関係に関する重要なことをわれわれに教える。この二つの態度が常に衝突すると考えるのは自然なことだ。しかし人類の生存の場合におけるように、われわれの確信の源泉自体が脅威にさらされているとき、恐怖への傾向はそのような脅威に対応するようにわれわれを動機づけることによって、確信を掘り崩すのではなく支えるだろう。死の恐怖にあっては事情が異なる。その場合、すでに述べたように、われわれはわれわれの確信が依存している当のものを恐れるのであって、片方の態度が別の態度を支えるというのは言いすぎだ。だがそれにもかかわらず真であるのは、〈われわれの恐怖の強さは、死が終わらせるあらゆる物事の価値へのわれわれの確信の深さの証拠である〉ということである。

注

（1） Epicurus, *Epistula ad Menoeceum, in Epicurus: The Extant Remains,* trans. Cyril Bailey

(Oxford: Clarendon Press, 1926), 82–93, at 85.

（2）Fred Feldman, "Some Puzzles About the Evil of Death," *The Philosophical Review*, 100 (1991): 205–27, at 205.

（3）Thomas Nagel, "Death," in *Mortal Questions* (Cambridge: Cambridge University Press, 1979), 1–10, quote at 2［『コウモリであるとはどのようなことか』（永井均訳、勁草書房、一九八九年）「死」二頁］.

（4）たとえば Thomas Nagel, *The View from Nowhere* (New York: Oxford University Press, 1986), 223–31［『どこでもないところからの眺め』（中村昇ほか訳、春秋社、二〇〇九年）第11章3］を見よ。

（5）一九七七年十二月二十三日の *Times Literary Supplement* に最初発表された Philip Larkin, *Aubade* から。

（6）Katja Vogt は、〈エピクロス派の哲学者ならば、自分たちは恐怖と戦うために、自分たちの理解する形而上学ではなくて物理学（あるいは自然科学）に訴えかけていると考えているので、彼らの目的に関するこの記述を受け入れなかっただろう〉と私に指摘した。

（7）Thomas Scanlon, *What We Owe to Each Other* (Cambridge, MA: Harvard University Press, 1998) を見よ。

（8）Bernard Williams, "The Makropulos Case: Reflections on the Tedium of Immortality," in *Problems of the Self* (Cambridge University Press, 1973), 82–100. この論文のページ数は本文でカッコに入れて示す。

（9）ウィリアムズはある脚注の中で、自分が死んでも実現されうる欲求が存在するということを認めて、"Egoism and Altruism"（これも*Problems of the Self*に収録）の中の「非‐私欲求non-I desires」に関する議論を指示している。彼はそれにつけ加えて、これらの欲求は「現在の議論に影響しない。これは利己的合理性の限界の中にある」（85 n）と書いている。彼はそのような欲求を、「マクロプロス事件」論文では単純に取り上げていない定言的欲求の部分集合とみなしたのだろうか？　それともその代わりに、定言的欲求を自分が死ぬと実現できない欲求と定義するつもりだったので、当該の欲求は条件的でも定言的でもないことになるのだろうか？　私はこの講義で後者の想定に従ったが、それは便宜のためと、ウィリアムズ自身が定言的欲求は死に抵抗すべき理由を常に人に与えるかのように語る傾向があるからだ。だがこれは定義の問題にすぎず、重要なことはここにかかっていない。しかしながら次のことは注意する価値がある。――ウィリアムズの示唆とは反対に、人が死んでも実現されうる欲求の中には、「利己的合理性の限界の中」に納まりそうなものがある。たとえば人は昨年出版した小説のために偉大な小説家とみなされることを望むかもしれない。

(10)　私はウィリアムズに従ってEMを三百四十二歳としたが、私が親しんでいるオペラと劇のヴァージョンでは、彼女は通常三百三十七歳と言われている。

(11)　私はここで二つの可能性しかないと暗黙のうちに想定している。人は現実に死ぬか、必ずいつまでも生きる――つまり、どの時点でも死ぬリスクがない――かのいずれかである。私は以下でこの過度に単純化した二分法に頼り続ける。しかしいくつかの中間のケースは言及に値する。その一つは、人は実際に永遠に生きるが、それは偶有的な事実で、死は各時点で現実的な可能性である、というものだ。もう一つの可能性はマクロプロスの例が示唆するもので、人は永遠に生きるが、それはそうしたいという自分の希望を定期的に再確認するという条件による、というものだ。人が私の議論の主旨を受け入れるとしても、これらのケースは〈われわれが本当に必要としているものは現実に死ぬことなのか、それとも死の可能性に服しているということだけなのか?〉という問題を提起する。

(12) 私はこの論点を展開する際、Katja Vogt の未発表の論文と Nathana O'Brien との会話から得るところがあった。同様の議論が Martha Nussbaum によって *The Therapy of Desire* (Princeton, NJ: Princeton University Press, 1994), 225–34 の中で展開されているが、ヌスバウムはその後彼女のヴァージョンのこの議論を撤回した。

(13) 私はここでも以下の部分でも、われわれが今考えている状況は全人類が不死である状況だということを当然視している。しかし不死の人は一人しかいなくて、それ以外の人は皆通常の仕方で年をとって死んでいくとしてみよう。するとこの不死の人は、自分の愛する人々のリスクと危険のため、代理的に危害と怪我に傷つきやすくなり、熟慮がもっと複雑になるかもしれない。むろん不死の人が死すべき人々に対して持つかもしれない愛着の種類は推測するしかない。この種の推測が古代ギリシア神話の持つ想像力の多くの原因になった。そして私の議論が正しければ、不死の神々の間の関係だけに限定された、同じくらい豊かな神話が存在できたかどうかは疑わしい。

(14) John Rawls, *A Theory of Justice* (Cambridge: Harvard University Press, 1971), 128–30 [原書改訂版からの邦訳『正義論 改訂版』(川本隆史ほか訳、紀伊國屋書店、二〇一〇年) 20節に該当].

(15) 不死性も人間生活からあらゆる種類の時間的希少性を消去するわけではない。たとえばわれわれが皆不死だとしても、やはりある時間の継続をそれ自体必要とする対象 (絵画、登山など) に関わったり、一回的な出来事の証人や参加者になったりする時間は制限されている。これらの形態の希少性のため、価値的な諸概念の発展・活用へのプレッシャーが生ずるかもしれない。しかし私の信ずるところでは、このプレッシャーはわれわれ自身の可死性がもたらすプレッシャーよりもはるかに弱いだろう。またこの希少性がこの弱い種類のプレッシャーを生み出す際にも、それはむろん、時間の希少性と価値づけとの間の一般的な結びつきを確認することになる。

(16) 〈現代の条件においては知識や決定ではなく**信頼**[**確信**] *confidence* が、評価的確信 evaluative conviction を支持する最も擁護可能な基礎を与えるかもしれない〉という発想はバーナード・ウィリアムズの *Ethics and the Limits of Philosophy* (London: Fontana Press/Collins, 1985)[『生き方について哲学は何が言えるか』森際康友・下川潔訳、ちくま学芸文庫、二〇二〇年]の重要なテーマである。ウィリアムズは倫理的な価値を特に念頭に置いていて、彼が強調しているのは社会的現象としての信頼——ほかでもない、ある種の「制度、教育、公的議論」(*Ethics and the Limits of Philosophy*, 20)が生み出しうる社会的状態——なのだが、私が本書で展開している議論は以下のことを想起させようとしている。——倫理的な価値だけでなくあらゆる種類の価値は、それらがわれわれの生の中で役割を果たすためにはわれわれの信頼をひきつけなければならない。そしてそのような信頼を支えたり掘り崩したりできるのは、社会的な制度や実践だけでなく、人間の生の一層広い諸特徴である。

(17) このパラグラフで論ずる恐怖観を素描する際、私は "Fear," *The Philosophical Review* 89 (1980), 560-78 において Robert Gordon が展開した立場にいくらかの変形を加えて従った(Wayne Davis, "The Varieties of Fear," *Philosophical Studies* 51 [1987], 287-310 も見よ)。恐怖に関するこの見解と死に関する問題との関係を考える際、私は Katrina Przyjemski の未公刊の論文から得るところがあった。また O. H. Green, "Fear of Death," *Philosophy and Phenomenological Research* 43 (1982), 99-105 も見よ。

(18) Shelly Kagan はその著書 *Death* (New Haven, CT: Yale University Press, 2012) [ケーガン『「死」とは何か (完全翻訳版)』(柴田裕之訳、文響社、二〇一九年)], 297 でこの見解を支持している。

(19) 「理由に反応する態度」という観念はスキャンロンの「判断に反応する態度」という観念に似ているが、スキャンロンは後者の一例として恐怖を理解している。*What We Owe to Each Other*, 20 を見よ。

(20) 第1講の注3を見よ。

コメント

ドゥームズデイの意義

スーザン・ウルフ

われわれのほとんど誰もが、自分たちが死んだ後も長い間人類は生き続けるだろうということを当然視している。だがどのくらい長い間か？ 数百年間か、数千年間か、数万年間か、数十万年間か？ われわれの多くはそれに対する答が何桁になるかについて明確な考えを持っていない。この事実は、われわれがこの問題を考えることにどれほど慣れていないかを示すものだ。それにもかかわらず、われわれのほとんどすべては、ともかく人類はかなり長い間生き続けるだろうと確信しているのではなかろうか。サミュエル・シェフラーは魅力的で根本から独創的なタナー講義『後世』において、この想定がわれわれの諸価値の形成・維持とわれわれの生を構成する諸活動の中で果たしている役割について思索し、その思索が正しいとしたらそれがわれわれの自己理解にいかなる意義を持つかを考察する。

シェフラーとともに、私も人類の継続へのわれわれの確信が、われわれが自分の活動や役割を果たしているとしても、またずっと私は、われわれ全員が死後ずっと長くその価値について考える際に巨大な――大部分暗黙のものだとしても――役割を果たしていると信ずる。もしわれわれがこの確信を失ったらわれわれの生は根本的に、またずっと悪い方向に、変化するはずだということでも私はシェフラーに賛成する。それでも、その変化の仕方に関する私の推測も、その変化がどうであるのが合理的かという問題への私の関心も、われわれの価値と後世の存在についての信念との間の関係についての諸問題への答から私が引き出そうとする結論も、いくらか彼のものとは異なる。

シェフラーはまずわれわれにドゥームズデイ・シナリオを考えるように求める。そこではわれわれは皆自然な寿命の最後まで生きるが、われわれの死後、地球は巨大小惑星と衝突して破壊されると想定されている。それからシェフラーはこの思考実験のバリエーションを与える。それはP・D・ジェイムズの小説とそれに基づくアルフォンソ・キュアロンの映画に基づくもので、そこでは人類が子どもを産めなくなるのである。[1] 活動と価値の異なるタイプに対する想像上の一連の反応を描いてから、シェフラーはジェイムズとキュアロンと同様に、人類の終焉が差し迫っていると知られている世界を「特徴づけるものは、広範な無気力とアノミーと絶望、そして社会制度と社会的連帯の浸食、そして物理的環境の悪化、そして多くの活動の価値と意義に関する信念の欠如の蔓延だろう」（七五―七六頁）と示唆する。これかこれに似たものをシェフラーは「後世の推測」と呼んで、彼がその含意であると考えるものを引き出す。

シェフラーは自らの結論にあたって、正当に注意深く、自分の予言が推測にすぎないと認めている。そうは言っても、われわれがこれについて信頼できる判断を下すにはいかに能力を欠いているかをはっきりと認めるのは価値があることかもしれない。われわれが差し迫った人類絶滅という見込みにいかに反応するかという問題は経験的な問題であるように思われる。それは哲学者や小説家が特別によく答えられる問題ではない。しかしこの論点について言えば、私は心理学者や社会科学者が出す結論に信を置くわけでもない。彼らは調査や実験を行って、たくさんの人々に自分ならどう反応すると**考える**かを質問できるかもしれないし、おそらくは被験者がドゥームズデイ・シナリオあるいは不妊のシナリオが真であると半ば信ずるような環境をシミュレートできるかもしれないが、彼らにせいぜいできるのは、人々の最初と初期の反応を予言するための証拠を得ることだけだろう。われわれは深くしみついた習慣や信念の変化に対するわれわれの反応を予言することに長けていない。また未来の人々が存在するという信念ほど深くしみついた根本的な信念の変更が、改定された世界観の中に統合されるまでには、かなりの時間がかかると予測されよう。[2]

だからといって、私はシェフラーとジェイムズとキュアロンに続いて私自身の推測を加えるのを差し控えることはしない。私は平気で次の安楽椅子哲学者（あるいは哲学的小説家）になる。しかしわれわれがいかに反応する**だろう**かに関する私自身の推測は、われわれがいかに反応**すべき**かに関する考え――つまり、いかに反応することが**合理的**かに関する考え——から分けることができない。シェフラーは一層指令的〔規範的〕なこの問題を避けているが、私はこの誘惑に耐えられない。だから私の推測は、いかなる反応が合理的であるかに関する私の非反省的直観によってある程度まで支配されていることが避けられない。これらの推測のいくつかを述べた後で、私はまたいくつかの指令的問題を明示的に提起しよう。

1 利己主義の性質と限界

しかしながらまずシェフラーの後世の推測にもっともらしさを与えた問題から始めて、その推測の含意に関する彼の解釈について問うことにしたい。われわれは自分自身の死よりも人類の絶滅の方を一層大きな恐れをもって見るし、また自分が死すべき者だと認識するときよりも後者を認識するときの方が、意義ある生を送りにくい——たとえ不可能ではないにしても——と思っている、と述べるシェフラーの結論はこうだ。——「ある具体的な動機づけと機能の面において、われわれと自分が愛する誰もがそのうち存在しなくなるという事実は、われわれが知ることがない、そして実際確定したアイデンティティを持っていない、未来の人々の不存在ほどにはわれわれにとって重大でない。もっと積極的な言い方をすれば、われわれが知ってもいなければ愛してもいない人々が存在するようになることは、われわれ自身の生存と自分が知っていて愛している人々の生存よりも、われわれにとって重要なのだ。」シェフラーはこのことが「われわれの個人的利己主義の性質と限界」について驚くべき重要な何事かを反映していると考える（八二頁）。〈ある面において人類の生存の方がわれわれ自身の生存よりもわれわれにとって重要である〉という点で私はシェフラーに賛成するし、〈人々は一部の哲学者や経済学者が考えているよりもずっと利己的でない〉という点にも、全く独立の根拠から賛成するが、前者の論点が、またそこから導かれる後世の推測が、どのようにして後者の論点を特に支持することになるのか、それが私には明白でない。

私は大部分の人々が（純粋に、あるいは主として）利己的だとは思わないが、一部の人々はそうだと本当に思っている。おそらくドナルド・トランプはそうだろうし、マイク・タイソンや、今日の現実のドン・ファンもそうだろう。私は後世の推測にならって、彼らのうち誰かが世界の終わりが近づいていると知ると、それまで彼の生を刺激的で面白いものにしてきた活動への関心を失うかもしれない、とたやすく想像することができる。彼はこう自問するかもしれない――もし世界があと三十年あるいは五十年で終わってしまうとしたら、世界一の大金持ちであることの、あるいはヘビー級チャンピオンであることの、あるいは世界一魅力的な誘惑者であることの意味は一体何なのか？　だがこの反応は、彼らがわれわれの思っていたよりも非利己的であると示すことになるだろうか？　そんなことはない。それが示すのはむしろ次のことだ。第一に、最も快楽主義的な理解を別にすると、いかなる理解によっても、自己への配慮は自己の生存の最大化への配慮と、また自己の快楽の最大化への配慮とさえも、同一化できない[3]。そして第二に、もし実現されれば自己への配慮に応えるであろう目標と状態の多くは、他の人々の存在に寄生していて、その人々の中には、後世の推測が特に示しているように、われわれの死後に生きる人々も含まれる[4]。

このことが最も明白なのは、名声や威光やその他の競争に関わる目標が、ある人の善の理解の中に含まれている――そして、意識されているか否かにかかわらず、そのような目標への野望が現在世代を超えているケースである。しかしもし、後世の推測が説得的に示唆するように、「食べ物や飲み物やセックスを味わう快楽といったものさえ影響を被るかもしれない」(七八頁)と仮定しても、だからといってその事情が〈それらの大食漢や大酒飲みや好色漢が食べ物や飲み物やセックスに対して持つ関心は、彼らがドゥームズデイを予期しても平然として前と同じように愉快にやっていくと仮定した場合の関心よりも、非利己的である〉ということを含意するとは思えない。私が理解する後世の推測によれば、ドゥームズデイの予期は、ハックルベリー・フィンの言葉を借りれば「われわれすべてから元気を奪う[5]」ことになる。それはわれわれを不安にさせ、われわれの目標と価値が浅薄であるように思わせ、かくしてわれわれはその達成にあまり満足しなくなるのである。だがこのことは、われわれの目標と価値が一見して思われていたより利己的であるということも、非利己的であるということも示さない。――それが示しているのは単に、ドゥームズデイ・シナリオによると幸福は［他の人にとってと同様］利己主義者にとって達成しにくくなる、ということだけである。

シェフラーは「ある特別の意味では」とか「ある具体的な……面において」（一二四、八二頁）といったフレーズによって、われわれの自分自身に対する関心と他の人々に対する関心の強さの比較に関する主張を注意深く限定しているのだから、彼と私の間には本当は意見の相違がないのかもしれない。さらに、彼は後世の推測が「われわれの利己主義の性質**と**限界」（八二頁、強調は私）に関する何ものかを示すと理解している――もし「限界」よりも「性質」に強調点を置くならば、私の言ったことは彼が言ったことを補足するとさえ理解できるかもしれない。というのは、すでに述べたように、後世の推測は〈利己主義者さえも独我論者、あるいはシェフラーの用語法では（価値に関する）個人主義者ではない。そしてわれわれの利己的配慮の多くは他の人々の存在と注意に依存していて、その人々の中には、われわれが実感している以上の、われわれの死後はるか先の人々も含まれる〉ということを実際に明らかにしているからである。

2　もう一つの後世の推測

しかしながら、私の想像したドナルド・トランプやマイク・タイソンほど利己的な人はほとんどいないのだから、彼らを除外して、残るわれわれがドゥームズデイ・シナリオや不妊のシナリオにどう反応するかについて思いを巡らそうというシェフラーの誘いを受け入れることにしよう。私はこの思弁にたずさわると、彼の後世の推測——あるいはもっと特定して言えば、その中で「広範な無気力とアノミー」（七五頁）を予言する部分——は、人類絶滅に際してわれわれはそれほど落胆しないという別の推測と比べて、最終的に一層説得力があるだろうかと不審に思ってしまう。

シェフラーが指摘するように、差し迫った人類絶滅の見込みは、当初すぐにはわれわれの活動と目的追求の多くを捨てるべき理由を与えるだろう——あるケースにおいてはそれらの目標を達成不可能にすることによって、また他のケースにおいてはその達成の価値あるいは意味を掘り崩すことによって。しかし絶滅の見込みがこの種の変化をもたらすという事実は、決して哲学的に驚くべきことではない。われわれのプロジェクトを無意味にするような状況が生ずるとき、われわれはいつもプロジェクトを変えるべき理由を持っている。たとえば休日に行く計画を立てていた場所が台風で被害を受けたら、人は別の目的地を見つけなければならないし、自分が働いていた会社が廃業したら、新しい職を探さなければならない。またあなたのプロジェクトを助けてくれるとあなたがあてにしていた人々やあなたのプロジェクトが喜ばせようとか助けようとかもくろんでいた人々が巨大小惑星との衝突によって命を失うだろうとしたら――そう、あなたはなすべき別のことを見つけた方がよい(6)。しかし何を?

シェフラーは差し迫った人類絶滅によって無意味になることが明らかである多様な活動を考察してから、絶滅の意味がそれほど明白でも直接的でもない一群の活動と目標を論ずる。たとえば創造的・学問的プロジェクトについてシェフラーはこう書いている。「それでも美術や音楽や文学のプロジェクトは行う価値があると思われるだろうか? 人文分野の学者は基礎研究に従事する動機づけを持ち続けるだろうか? 歴史家や理論物理学者や人類学者は以前と同様にやっていくだろうか? あるいはそうかもしれないが、答は明白ではない」(五四頁)。だが後世の推測を提示するときになると、彼の推測はもっと悲観的になる。

後世の推測が説得力を持つ限り――そしてシェフラーやジェイムズやキュアロンとともに私もそうだと信ずるが――われわれはここで哲学的に重要なことに到達していた。**なぜ**理論研究や芸術表現へのわれわれの関心は弱まるのだろうか? この反応を説明する一つの答は、〈芸術家が創造し学者が著述し科学者が研究するとき、彼らは多くの世代にわたって享受され評価されるであろう仕事を作り出そうと望んでいる〉というものだ。だがこれはありそうもないことだし、それらの分野の方向と性質に少なくとも小さな、認知できないかもしれない影響を及ぼすような仕事を作り出したいというもっと控え目な望みさえ、ほとんどの芸術家や学者がこだわるよりも大きな望みだと思われる。私の考えるように、少なくとも人文部門のほとんどの芸術家と学者にとって、自分の仕事が自分自身の世代の少数の人々によってでも有用だとか美しいとか価値があるとか判断されたらそれは心からうれしいことだとしたら、後続世代の不存在が自分の努力をなぜ無にすることになるのかは不思議なことだ。もっと不思議なことがある。もし後世の推測が正しいとしたら、なぜドゥームズデイ・シナリオは公演芸術に携わる人々の動機づけを弱めることになるのだろうか？　人類絶滅の見込みはピアノを弾いたり劇を演じたりダンスを踊ったりする動機づけを弱めるだろうか？

これは不思議なことだとはいえ、私はドゥームズデイ・シナリオの見込みがわれわれにこのような影響を及ぼすかもしれないということを否定しない。実際、このシナリオへの最初の反応として、そうなるのは全く自然なことだと私には思われる。われわれは自分たちの種族と社会さえもが自分の死後も長く続くだろうと確信しているので、われわれ自身の活動が何らかの継続する流れ——芸術・学問の、あるいは民族的・宗教的文化の、あるいは法的・政治的・産業的・テクノロジー的発展等々の、歴史と共同体の流れ——に入りこむ、あるいはその一部である、と暗黙のうちに考える傾向がある。われわれが諸活動を見る仕方のこの特徴は、意識されず明晰化されないかもしれないが、それらの活動がわれわれにとって有する意味と価値の中で重要な役割をはたしているだろう。たとえわれわれは自分自身がこれらの流れの方向や形態に影響を及ぼしているとは考えなくても、われわれがそれらに寄与しているという事実それ自体が、独立の価値がある一層大きな全体の中の位置とそれに対する愛着を与えてくれる(7)。われわれの諸活動が一部をなしていると考えていた流れが突然終わりを迎えることになると知ると、その認識は自分がしてきたことに関するわれわれの理解を根底から変えることになるだろう。それはこれらの活動の意味と価値の基盤をゆるがすのである。

われわれの差し迫った絶滅はわれわれの活動に関する理解を根底から**変え**、それらがわれわれにとって持っていた意味と価値の基盤を**ゆるがす**という発想は、私には説得力がある。しかしそれはその意味と価値を完全に破壊するだろうか？　そうだということは私には明白でない。

差し迫った人類絶滅が見込まれると、われわれの日常的配慮のどれほど多くが弱化あるいは消滅するだろうか？　それに関する思索の中で、いくつかの価値と関心が生き残りそうだという蓋然性をシェフラーは少なくとも二回認めている。彼は第1講の中で、「ドゥームズデイ・シナリオによる影響を受けることが最も少なそうに思われるプロジェクトと活動は、個人的な慰安と快楽に関するものだ」と言う（もっとも彼は正当に「その条件下における慰安と快楽が何であるかは完全には自明でない」と付け加えているが）（五四頁）。第2講の中では、「不妊のシナリオにおいても、人々が激痛を免れているのは重要だと考えるのは説得力がある。……また同じように、友情やその他の親密な人格的関係が人々にとって重要でなくなるということもありそうにない」（九八頁）と認めている。事実ドゥームズデイ・シナリオの影響を受ける程度が一番小さそうな種類の活動と私に思われるのは、これらの見解の統合あるいは総合とも考えられるものだ。二つのシナリオの影響を一番受けそうでない種類の活動とは、他の人々のケアと慰安に明示的に焦点をあてるものである。

われわれが自分に近い人々のケア――自分の子どもたちへのケアだけでなく、ある年齢に達してからは親へのケア（そしてむろん、ケアを必要とするときは、配偶者や兄弟姉妹や友人へのケアも）――にどれほど多くの時間と金銭と努力を進んで費やしているか、それは注目すべき事実である。われわれは自分の愛する瀕死の人々にも献身する、おそらくは特別に献身する。自分の愛する人がもうすぐ死ぬことになり、彼らはその属する共同体と組織に貢献する機会がもうほとんどないという事実がわれわれにとって切実であるケースにおいて、ドゥームズデイ・シナリオはわれわれにとって一番相違をもたらしそうにない。ドゥームズデイがわれわれを憂鬱にさせて、あらゆるものに対する情熱を奪ってしまいそうになっても、直接ケアを必要としている人々への配慮はわれわれをはげますだろう。このことはジェイムズとキュアロンと最終的にはシェフラーもが提起しているディストピアの想定に代わるべき別の想定の可能性を示唆する。それは特に、われわれの差し迫った絶滅という直前のショックがおさまってそれを受け入れるようになったら、われわれは自分たちがいわば「すべてこの中に一緒」である、地球というこの沈みつつある船の中の単一の共同体の中にいる、と認識するようにもなるという可能性を示唆する。またわれわれは同胞人類をこのような仕方で考えると、死が近づいたり窮乏したりしている自分の親戚や友人に進んで惜しみなく与えてきたのと同じケアを、お互いに与え合おうという気になるかもしれない。

このことがどのくらい起こりそうかに関する経験的な証拠として、人々が文字通り沈没する船や潜水艦の中でどのように行動するかを知るのは助けになるだろう——あるいは、破滅的失敗の結果クルーが孤立して、彼らが集団としての死滅を待つしかなかったスペースシャトル計画における行動も。正しいリーダーシップがあれば、そのようなグループも最後までお互いのことを考えて行動し配慮する動機を持ち続けることが少なくとも可能だと私には思われる。また同じようにして、われわれもまた正しいリーダーシップがあれば、差し迫った絶滅に直面しても、後世の推測の中で描かれた無気力とアノミーへの傾向に抵抗することが可能だと思われる。さらに、われわれは他の集団が持たないような時間と資源を持つことになるから、(8) お互いをケアし慰めるための広範な手段が自由に使える。われわれは音楽と演劇を創造し演じ、庭園に植物を植え、ディスカッション・グループを開き、書物や注釈を書くことができよう。最初はお互いに助け合い慰め合おうという動機を持っていたわれわれは、これらのプロジェクトがドゥームズデイ以前われわれにとって持っていた美とチャレンジと興味に再び惹かれるようになるかもしれない。別の言い方をすれば、われわれはお互いを助けることで自分自身を助けるかもしれないのである。

私はその時われわれが幸福だろうとは言わない。シェフラーの推測よりもはるかに悲観的でないこの推測においても、私は絶滅に瀕した共同体の中で「善き生であるとみなす用意があるものが何か存在する」（七九頁）という可能性に関する彼の疑念を共有している。しかしそのような状況下でわれわれが善き生あるいは幸福な生を送れる立場にないとしてさえも、私の推測によれば、われわれは少なくとも意味ある生を送ることができる。

私の代替的な後世の推測は、ある点までシェフラーの推測に従い、それに賛同するものだ。たとえば自分たち自身を継続的な「流れ」に寄与する者として見ることに関して私が述べたことは、第2講の中の彼の思索の反響である。

われわれの関心とコミットメント、われわれの価値と重要性判断、何が重要で行う価値があるかに関するわれわれの感覚――これらのものすべては、人類の歴史がそれ自体として継続し繁栄する企てであるという、当然視された想定を背景として形成され維持される。われわれが持っている最も深い決定的な価値と熱望の多くは……われわれが以上の想定を当然視しているということに依存している。実際、われわれはそれをあまりにも当然視しているのでそれが果たす役割を認識することがめったにない。……しかしだからといって、その重要性がいささかでも減ずるわけではない。継続的な歴史的プロジェクトとしての人類［人間性］それ自体が、何が重要かに関するわれわれの判断の大部分に暗黙の引照基準を与えるのである。この引照基準がなくなったら、重要性に関するわれわれの感覚は……揺るがされ、掘り崩され始める。（一〇六―一〇七頁）

しかしながら私が、われわれの位置が揺るがされるのは一時的であるかもしれず、われわれは他の人々の絶望とアパシーを緩和しようとする頑健な努力の結果として自分自身の死の淵から自らを救い出すかもしれないと示唆するのに対して、シェフラーはそのような希望を持たない。その反対に彼は書いている。「自分自身の個人的目的の多くが現在自分にとって重要であるためには、人類が未来を持つことがわれわれには必要である。実際のところ私は一層強いことを信じている。――物事が**重要である**という発想そのものがわれわれの概念のレパートリーの中で確固たる位置を持ち続けるためには、人類が未来を持つことがわれわれにとって必要である」（一〇七頁）[9]。

もし私の代替的な後世の推測が説得力を持ち――それはシェフラーの推測**以上**の説得力を持つ必要はなく、単に同じくらい説得力があれば足りる――そしてその中で生きる人々は幸福ではなくても意味ある生を送るだろうという私の想像が筋が通っているとしたら、〈物事が重要であるという観念それ自体が後世に依存している〉というシェフラーの最後の主張は間違っているに違いないと思われる。それに対する代替的仮説は、価値に関するシェフラーの反個人主義と両立するが、それほど悲観的でない私のシナリオとも両立するもので、〈物事が重要であるという観念それ自体は評価を行う共同体に依存するが、その共同体が未来を持っている必要はない――それが過去と現在を持っていれば足りる〉というものである。

3 われわれがアルヴィ・シンガーから学べること

この二つの後世の推測のいずれが真に説得力を持っているか、また「物事が重要であるという観念それ自体」の条件あるいは根拠に関してシェフラーの思弁と私の思弁のどちらが正しいかを、われわれはいかにして決定できるだろうか？　別の言い方をすれば、われわれはどのようにして価値の理論（あるいは、物事が重要であるということに関する理論）の構築を進めるべきなのか？　明らかにこれらの問題はこのコメンタリーの中で取り扱うには大きすぎる。しかし冒頭で述べたように、われわれがドゥームズデイ・シナリオにいかに対応するだろうかに関する私自身の思考は、われわれがいかに反応すべきかに関する思考から分離することができない。同様に、価値という観念が何に依存しているかに関する私の思考は、それを何に依存させるのが理性的に意味をなすかに関する思考から分離することができない。

シェフラーは彼の講義の中でこの種の問題に抵抗しようとしているようだ。最も一般的なレベルでは、「ドゥームズデイ・シナリオにどのように反応することが理性的、それどころか合理的だろうか?」という問いは疑念をもって取り扱われるかもしれない。P・F・ストローソンやバーナード・ウィリアムズのひそみに倣って、人はドゥームズデイほど巨大な破局に反応する際に「合理性」がわれわれの助けになるという期待の力と適切さを疑うのが合理的かもしれない。さらに、いかなるパースペクティヴからこの問題に取り組むかが問われるかもしれない。われわれはその問いが理解可能であるとしている際、われわれの価値――そして継続している生活様式からの価値の独立性――の性質と地位について、いかなる想定を行っているのか? またなぜそれらの想定に権威を与えるのか? おそらくそのような思考と懸念が背後にあって、シェフラーはわれわれが人類絶滅の見込みにいかに反応すべきかについて語ろうとせず、その代わりに、われわれがいかに反応するだろうかに関する推測と、これらの推測がわれわれについて何を明らかにするかの考察だけに専念しているのだろう。シェフラーがこれらの懸念を持っているか否かはともかく、それは十分もっともだ。それにもかかわらず、〈われわれはいかに反応すべきか〉という問いと〈われわれはいかに反応するだろうか〉という問いは、前者の問いの完全な排除を正当化するほど峻別することができない。というのは、われわれは理性的で合理性を評価する生物であり、何を行い何を感ずるのが理性的か、合理的か、センシブルかに関するわれわれの思考は、われわれが究極的に何を行い感ずるよう決定するかに影響するからである。もしわれわれが、自分自身の価値のパースペクティヴの中から、差し迫った人類滅亡に対するわれわれの最初の反応が理性的に見て不安定あるいは神秘的だったと考えるとしたら、そのことはその反応を弱めるかもしれないし、別の反応の方がもっと理性的に見て適切だと考えるとしたら、そのことはこの後者の反応にわれわれをいくらか向かわせるかもしれない。

私自身のことを言えば、私はシェフラーが明示的に斥けた問いに動かされている。その問いは〈もし差し迫った人類滅亡がそれほどの破局だとしたら、もっと遠い絶滅はなぜそうでないのか?〉である。結局のところ遅かれ早かれ地球は破壊され人類は死に絶えるだろうということをわれわれは皆知っている。活動やプロジェクトのうち、その達成可能性も意味も後世の人々に明らかな仕方では依存していないものにわれわれが焦点を当てるとき、もしそのようなプロジェクトが差し迫った人類絶滅の見通しによって意味が少なくなるとしたら、なぜそれが――われわれが知っているとはいえわれわれの注意からそらしておくような理由によって――ともかく意味があるのかを知ることは難しい。

これは本質的にはアルヴィ・シンガーの観点だと思われる。シェフラーが第2講で思い出させてくれたように、ウディ・アレンの映画『アニー・ホール』のオタクの主人公が小学生の時、彼は宇宙が膨張していていつかバラバラになるという理由で宿題をするのを拒否するので、母親が彼を医者に連れて行った。シェフラーの分析によると、このシーンがおかしいのはアルヴィの早熟さのためだけではなくて、彼がそれほど遠い未来の出来事を自分の宿題をしない理由とみなすからでもある。シェフラーが書いているように、医者はそれは「何十億年」(二一〇頁)もの間起きないと言ってアルヴィを安心させようとした。

余談になるが、たとえ地球の爆発がこれから何十億年間も起きないということが正しいとしても、人類の絶滅がそれよりずっと早く起きるということは予想できる。生物学者のエルンスト・マイヤーによると、生物の種の平均寿命は十万年で、われわれ人類はすでに大体そのくらい生存してきた。[10] だからさらに十億年も、それどころか十万年も生き続けると期待すべきではない——もっと短期間さえも。

だがアルヴィの懸念とシェフラーの返答に戻ろう。シェフラーによると、一般にわれわれが地球はいつか爆発するという認識に対して怒りやニヒリズムや倦怠をもって反応しないということは単純に所与である。しかし彼は譲歩して言う。「もし宇宙の終わりがアルヴィ自身の自然な寿命の終わった直後に来るとしたら……彼の言い分は正しいかもしれない」(二一一頁)。私は早熟なアルヴィがこの返答に満足するだろうとは思わない。人々が人類の最終的な絶滅の見込みにとまどわないという事実は、とまどうべきでないということを意味しない。アルヴィはこう主張するかもしれない。「もし僕がドゥームズデイ・シナリオの下では宿題をしないことに言い分があるとしたら、どうして僕はいずれにせよ言い分を持てないのか?」少なくともセミナー室の中ならばもっと答を求める権利がアルヴィにはある、と私には思われる。

事実、私がアルヴィの問い(それはまた本質的に、なかんずくカミュとトルストイが問うたものである)について考えれば考えるほど、私はそれが回答可能であるということに確信を持てなくなる。というのは、アルヴィが宿題をしないことがなぜドゥームズデイ・シナリオの下では正当化されるかと言えば、その理由はおそらく、シェフラーが示唆するように、何ものか(それがアルヴィに宿題をすべき理由を与えられる)が重要であるためには、人類は未来を持たなければならない――実際三十日以上の未来を持たねばならない――からだろう。しかしどうしてそれが真なのだろうか? もしその答が〈何ものかが重要であるためには、それは世界に永遠の相違をもたらさなければならない〉というものだとしたら、アルヴィが宿題をしないことは、地球が十億年後に爆発するだろうという事実によって正当化されるだろう。もしその代わりに、〈何ものかが重要であるためには、それは長期にわたるが永遠ではない相違(あるいは、長期にわたるが永遠ではない共同体への相違、と言った方がよいか)をもたらさなければならない〉というのが答だとしたら、それに対しては

〈宇宙のパースペクティヴから見れば、十億年は（まして十万年は）本当に「長期」ではない〉と指摘できよう。[11]

幸いなことにわれわれはこの難問を別の方向から述べることもできる。人類が最後は死に絶えることになるという事実がタンゴを踊ること（あるいは森を散策することや哲学の講義を書くこと）を今日無意味にしないとしたら、われわれが三十年後か五十年後か百年後に死に絶えるだろうという事実はなぜそれを無意味にするのか？　私は願望充足が私の推論能力を歪ませているという可能性を認めるが、この方向から来る理性的な力がかなり説得的に思われると言わなければならない。つまり、人類の最終的な絶滅が美的創造や叡知の獲得や相互援助へのわれわれの現在の努力を無価値にしないように、われわれのもっと差し迫った死滅もそうすることはないし、ないだろうし、すべきでもないのである。おそわくわれわれは、自分たちが今まで当然視してきたそれほど重要な前提が否定されたために、最初は方向を見失い、心をかき乱され、意気消沈するだろう。しかしわれわれが生涯の貯えの喪失や愛する人の急死によって、方向を見失い心をかき乱され意気消沈するのと全く同じように――あるいは一層近いアナロジーをあげれば、善意ある神や個人的後世への信仰の喪失によって、方向を見失い心をかき乱され意気消沈するのと全く同じように――われわれは少なくとも共同体としては、最後はきっぱり態度を変えてわれわれの生活と世界に戻るべきである。するとこのように考えてみると、もしわれわれが人類の絶滅が差し迫っていると信ずるようになったら、無感動・無気力になって落胆するという最初の傾向に屈するよりも、それに抵抗する方が合理的だ。そのような推論は、時がたつと、ドゥームズデイが掘り崩すと最初われわれが考えていた活動の多くに意味と価値を取り戻すべきである。

さらに、ドゥームズデイ・シナリオはシナリオにすぎないのだから――つまり想像上の思考実験にすぎないのだから――この推論は、人類絶滅が差し迫っているとしたら本当に無意味になる諸活動の意味と価値をわれわれに取り戻すことにもなるべきだ。われわれは今や再び、癌を治療し、もっと持続可能なエネルギー資源を発見し、建物を建て、木を植え、インフラストラクチャーを再建し、これまで生活の中心にあった諸活動のすべてではなくても大部分を評価すべき理由を持つのである。

これはシェフラーの講義の論点とインパクトを弱める deflate ように見えるかもしれない。というのは、ドゥームズデイ・シナリオに関する考察がわれわれを連れて行くべき方向についてもし私が正しいとしたら、そのような考察は、最終的にはほとんどあらゆるものをそのままに残しておくからである。(12) しかしウィトゲンシュタインによると、これこそまさに哲学がなすべきことで、彼は少なくともそれをいかなる意味でもデフレ的だとはみなさなかった。またわれわれもそうすべきではない。シェフラーはわれわれの生と価値の中で後世が果たす役割にわれわれの注意を集め、いくつかの試論的結論に向かう一つの説得的な道筋にわれわれを導くことで計り知れない貢献を行った。その道筋とそれらの結論が正しいかどうかは未決の問題だと私は考えるが、これらの論点と議論に関する反省が実り豊かだということは確実と思われる——われわれが人類としてどれだけ長く存続するとしても。

注

(1) このヴァリエーションでは、人々はゆっくりと死滅するので破滅はもっと段階的であり、また人類は滅びるが地球は滅びない。両方のシナリオの間の相違については興味深い問題があって、その相違は両者に対するわれわれの反応に影響するかもしれないが、シェフラーの関心はそこにはないし、私の関心も同じである。

(2) 女性が結婚後自分の姓を持ち続けるか変えるかを選択するという慣行がまだ新しかった時、人々は、それは極めて面倒で他の人々を混乱させることになるだろうと(私の経験によれば、全く間違って)予言した。実際のところ、今でも多くの人々がこの間違った予言をしている。人々はまた、リサイクリングのために紙とプラスチックを分別しなければならないとしたらとても面倒だろうとも予言したが、今ではそれは多くの人々にとって第二の天性になっている。今のケースに関するもっと適切な比較は、ほとんど全員がキリスト教徒である社会の人々が信仰喪失の帰結について行う推測かもしれない。

(3) この点は〈われわれの価値は非体験主義的である〉というシェフラーの論点(四七頁)と関係する。

(4) この点は〈われわれの価値は非個人主義的である〉というシェフラーの論点(一〇五―一〇七頁)と関係する。

(5) マーク・トウェイン『ハックルベリー・フィンの冒険』(一八八五年)第16章。

(6) シェフラーは「道具的合理性に関するこの自明の理は、人々がドゥームズデイ・シナリオにおいてそのようなプロジェクトをもはや追求する価値がないとみなす理由を説明するには十分なものだ」と言うであろう人々に反対して「これはこの例の意義を誤って解釈している」(五七頁)と書いているとき、この反応を取り扱っているように見える。彼は続けて言う。「意外かもしれないのは、人々が自分の生前に達成されるとは期待していない目標をしばしば喜んで追求するという事実である」(五七頁)。たまたま私にはこのことは特別意外ではないと思われるのだが、私が続けて言うように、われわれの差し迫った絶滅の見込みがわれわれの他の活動や目標のいくつかを掘り崩すだろうということは、私には意外だとも哲学的に問題だとも思われない。

(7) 独立した価値あるものにわれわれを肯定的な仕方で結びつける諸活動に従事することが有意義な生を送るために必須である、と私は *Meaning in Life and Why It Matters* (Princeton, NJ: Princeton University Press, 2010) の中で論じた。

(8) そのシナリオによるとわれわれは保存のための努力をする理由がないのだから、実際われわれが今持っている以上の資源さえ持つことになる。

(9) むろん、もし人類が未来を持たないとしたら、われわれの概念のレパートリーも未来を持たない。

だがこの点はおいておこう。

(10) マイヤーの主張はノーム・チョムスキーによって、中でも "Human Intelligence and the Environment," *International Socialist Review* 76 (2011), http://www.isreview.org/issue/76/fear-chomsky.shtml. において言及されている。

(11) シェフラーは診察室のこのシーンがおかしいのはアルヴィがそれほど遠い未来の出来事を自分の宿題をしない理由としているからだと考えた、ということを思い出す人がいるだろう。もし私が想像しているようにアルヴィの推論を斥けることができないとしたら、この説明は説得力が弱まる。おそらくわれわれがアルヴィを笑うのは、むしろ自分が直面したくないことを認めるように求められる落ち着きの悪さから来る、神経質な笑いなのかもしれない。あるいはこのシーンの笑いは、Thompson Clarke にならって思考の哲学的レベルと日常との間の問題をはらんだ関係とでも呼べるものから来ているのかもしれない。ウディ・アレンはしばしばこの関係をユーモアの源泉とする。たとえばアレンの他の映画の中にある私のお気に入りは、「あらゆるものが幻想で何も存在しないとしたらどうなる? その場合、僕はこのカーペットに大金を支払いすぎたことになる」というものだ。Woody Allen, *The Complete Prose of Woody Allen* (New York: Wings Books, 1991), 10.

(12) 私は「ほとんど」あらゆるものと言った。なぜなら意味と価値という観念自体は人類が未来を持つということに依存していない(過去と現在を持つということだけに依存する)という点でたとえ私が正しいとしても、やはり「後世」は、われわれにとって実際に重要なことが人類の長い存続に依存する程度を明らかにするからだ。シェフラーが言うように、われわれが人類滅亡の見込みに傷つきやすいということは、われわれが人類の存続を確保するために働くべき理由を、自分たちが気づいている以上に与える（一三〇―一三二頁）。

後世はどのように重要なのか

ハリー・G・フランクファート

1 ［シェフラーの講義のオリジナリティ］

サミュエル・シェフラーは人類が消滅に至る二つの道筋を想像する。地球全体の破局が起きて、文字通り万人を無差別に暴力的に死なせてしまうかもしれない［ドゥームズデイ・シナリオ］。これはわれわれにとっての終焉になる。あるいはもっと穏やかに、不妊症が世界中に蔓延するかもしれないかもしれない［不妊のシナリオ］。それは誰も殺さないが、死が避けられない一方で新しく人が生まれないために、人類の存在を終わらせることになる。

後者の可能性の一変形は暴力も不妊も含まないが、それでも人類を消滅させるには同じくらい効果的だろう。妊娠中絶がどこでも無料で受けられるので、いかなる女性も何らかの理由ですべての妊娠の中絶を選ぶとしてみよう。私の推測では、最も徹底した中絶容認派さえも中絶の自由のこの極端な行使には深刻な留保を加えるだろう。いずれにせよこの三つのシナリオを考えると、人類の予測される消滅――つまり後世の不存在――はわれわれを実際苦しめると思われる。われわれはそれが起こってほしくないのだ。しかしそれはなぜか？

「後世」講義におけるシェフラーの一次的なテーゼは、後世は「それ自体としてわれわれにとって重要だし、〈後世の存在は、われわれが気にかけている多くの他のものがわれわれにとって重要であることをやめないための必要条件だ〉という理由からも重要だ」（四〇頁）というものだ。シェフラーは第2講の終わり近くで、「フィクションと哲学を別にすると、われわれは人類の破滅が差し迫った場合の反応を自分で経験したりそれに直面したりする機会を決して持たない。だから集合的後世がわれわれにとって有する重要性は隠されている。われわれはそれがどのくらい自分にとって重要かを認識していない」（一二八頁）と述べる。

今やシェフラーはフィクションと哲学によって、われわれをそのような対面のさなかに導いた。彼はわれわれの知性と想像力を導く際に洞察力があり挑発的だ。シェフラーが関心を持つ論点に関する彼の議論は新鮮でオリジナルである。さらに、私の気づいたところではそれらの論点自体がかなりオリジナルなものである。彼は実際に、厳密に哲学的なコンテクストの中でいくつかの新しい問題を提起したようだ。少なくとも私の知る限り、これまで誰一人として、これらの問題をこれほど体系的に取り扱おうとした人はいない。だから彼は実際上哲学的探究の新しい有望な一領域を切り開いたことになる。この学問分野には最高の精神の多くがすでに三千年近く専念してきたのだから、悪くないことだ。

2 〔シェフラーの主張に対する疑念〕

しかしながら、「集合的後世がわれわれにとって有する隠された重要性」を明らかにすることにシェフラーがどのくらい現実に**成功したか**を評価する際、私はそれほど熱狂的にならない。集合的後世にせよ、それに対するわれわれの通常の態度にせよ、われわれの生におけるいずれの地位あるいは役割に関する彼の査定も、最終的に満足すべきものだとは信じない。人類史の継続へのわれわれの確信がシェフラーの主張するようにわれわれの生の中で極めて重要な——とはいえ、彼の言うところでは「隠された」——役割を果たしているということに私は疑いを持たない。しかしこの役割に関する彼の説明は正しいだろうか?

3 ［後世が存在しなくてもやはり重要であるいくつかの活動］

シェフラーはわれわれすべてと同じように、〈われわれにとって重要である物事の多くは後世の存在へのわれわれの確信に実際に依存しているが、われわれにとって今重要である物事の一部はそうでない〉と信じている。これがなぜ合理的かというと、むろん、一部の物事のわれわれにとっての重要性は、未来に起きたり起きなかったりすることと全然関係しないからにほかならない。つまり、それらの物事がわれわれにとって重要なのは、それに内在するもののおかげであって、われわれにとってのその重要性は、空間的にも時間的にもそれらの外のものに依存していないのである。

シェフラーは、後世の存在をわれわれが信じているか否かにかかわらずわれわれにとって重要なものの例として、慰安と快楽、そして激痛からの解放をあげている。他にもなじみ深い例を考えることは難しくない――例えば音楽と友情がそうだ。これらはわれわれにとってそれ自体として重要なもので、人類の生命が今から三十日以上続くかとか、現在の世代を超えて続くかとかいったことを考慮したり前提したりしなくても、われわれはそこから重要な価値を得ることができる。知的な活動も同じだ。その活動はそれに従事する人々にとって、その活動あるいはその産物が未来の誰かの関心をひくか否かに関するいかなる特定の配慮から離れても重要であるかもしれない。

シェフラーは「かりに人類の消滅が差し迫って」(九七頁)いたら、ある活動に携わる人々がその価値への確信を失いそうな二つの例をあげる。第一は、「歴史家が……自分の計画していたブルガリア軍事史の研究を行う価値への信念を失う」というもの、第二は、政治理論の中のすでに研究が多すぎる領域で「政治哲学者が……さらなる論文を書く価値への信念を失う」(九七—九八頁)というものだ。両者の例で問題になっているものが異なるということは注意する価値があるかもしれない。前者のように知られることが少ない対象の研究は、その歴史家にとってかなりやりがいがあるかもしれない。たとえ誰一人として彼の研究の結果に関心を持たないだろうとしても、無視されてきた研究分野を開拓すること自体に喜びがあるからだ。だが後者では、論文を書くこと自体はとりわけ満足をもたらす活動ではないから、不必要でおそらくは誰も歓迎しない成果を生み出すために、それ自体として報われない活動を行うという見込みには魅力がないだろう。それは他の人々にとってブルガリアの軍事史に関する研究よりも興味深いということもないだろうし、何か新しくて興味深いことに出会うという内在的な喜びを与えることもないだろうからだ。

4 「それらの活動がドゥームズデイ・シナリオの下でも価値を失わないのはなぜか」

私の信ずるところでは、われわれにとって本当に重要である物事のうちいかに多くが後世に対するわれわれの態度から独立しているかをシェフラーは過小評価している。もしわれわれが、癌の治療法から人々が利益を得られるような後世が存在しないと信じたら、その治療法を発見しようという試みはわれわれにとって重要でなくなる、とシェフラーは示唆する。しかし深遠な医学の問題を解決するというチャレンジは人々をしてその問題に従事させ、その解決もその解決への試みも共に彼らにとって極めて重要だと考えさせるかもしれない――たとえその問題が解決されても誰の利益にもならないとしても。このようにして、チェス・プロブレムを解こうとすることで幸福である人がいるかもしれない――その人の腕前に感心する人が誰もいないとしてさえも。

シェフラーはまた、もしわれわれが後世の存在を信じなくなったら、われわれの活動の産物を享受する人々が未来に存在しないために芸術的創造はわれわれにとって重要でなくなるだろう、とも信じている。しかし確かに、すばらしい絵や弦楽四重奏や小説を生み出すということは芸術家にとって大変満足させることかもしれない――たとえそれを鑑賞し感嘆できる人がドゥームズデイまでの三十日間しかいなくても。いずれにせよ、ドゥームズデイ・シナリオでも人々はまだ三十日間生き続けることができるのだし、不妊のシナリオと中絶のシナリオでは人類最後の世代の人々は正常な生活を続けることができる。だから何が起きようが、その人々はやはり鑑賞力ある観客や感謝するパートナーであることをやめない。

われわれにとって最も重要な物事のいくつか――音楽や友情や知的・芸術的活動――は、後世の存在ともそれについてのわれわれの確信とも関係なしにわれわれにとって重要かもしれない。それにもかかわらず、私はシェフラーが〈これらの物事がわれわれにとって有する重要性はそのとき現実に小さくなるかもしれない〉と示唆するのは確かに正しいと考える。少なくとも、それらに対するわれわれの評価の仕方はきっと異なるだろう。われわれにとってのそれらの価値の中で、未来に関するわれわれの予期に依存する部分は失われるだろう。それらの価値の中で、われわれがそれらの物事の現在の実在に――それらの物事が持つ内在的な、それゆえいつもそこにある諸特徴の鑑賞に――焦点を合わせるときに得られる部分だけが残されるだろう。もしかしたらそれはわれわれの生の中の改善ですらあるかもしれない――もしわれわれが、それらの価値を他のものにとっての手段としてよりも、対象がそれ自体で持っている価値に関心を集中し、鑑賞するとしたら。

そういうわけで、われわれにとって価値を持つもの・重要なものの多くは、われわれが後継者を持たず、また持つと考えていないとしても、やはりわれわれにとって価値を持ち重要であることをやめないかもしれない。もし現在の人類あるいは予想される将来の人類が子孫を残さないとしたら、われわれにとって最も重要なものの多くが重要でなくなるということは真かもしれないし、あるいは重要さの性質が異なるとともに小さくなるかもしれない。しかしながら、われわれにとって非常に重要である物事の一部は、後世が存在せずわれわれがその存在を信じなくても、やはりわれわれにとって非常に重要かもしれない。その中にはむろん慰安と快楽が含まれるが、それだけでなく、われわれがそれ自体のために評価するものすべても含まれる。われわれにとってのその価値は、それ自体以外のものがわれわれにとって有する重要性に完全に依存していることがないのである。

事実、われわれがドゥームズデイ・シナリオに直面したならば、われわれにとって重要性が変わらないどころか以前よりも大きくなるものがあるかもしれない。われわれ自身の死をもたらすような地球規模の破局に直面すると、われわれは時間の浪費をやめて、まだたくさん時間が残されていると考えていた時に陥っていたある行動パターンを改善するように動かされそうだ。われわれは家族や友人との親密な関係をもっと大切にしたくなるかもしれないし、長い間行きたいと思っていたが先延ばしにしてきた旅行をしようという気になるかもしれない、等々。

いずれにせよ、人類には短い時間しか残されていないという予測に対して人々が皆同じ仕方で反応するとは私には思われない。結局のところ、自分自身に残された生涯が短いという予測に対する人々の反応は異なる。陰気になって、それまで自分にとって重要だったことのほとんどすべてに関心を失う人もいれば、自分に残された時間を最大限活用して、自分にとって価値があり重要であることの享受に身を捧げる人もいる。人々が人類全体の死滅の見込みに対してどう反応するかも同じように異なるだろうと私には思われる。

5 ［未来の人々と同時代の人々の存在の価値を比較する］

われわれ人間が後継者を持つか否かという後世に関する問題とは別に、もしわれわれが同時代人を持たない、あるいは持たないと信じたらどのように感ずるかという興味深い問題がある。これは何ら相違をもたらすべきでないと思われるかもしれない。それ自体としてわれわれにとって価値があるものは、もしわれわれが世界の中に自分しかいないとしても同じようにわれわれにとって確かに価値があるはずだ、というのである。だがこの結論は性急だと私には思われる。われわれが他の人々の全くいない世界で生きなければならないとしても、われわれにとって重要でありうるものはやはりたくさんあるだろう。友情はむろん存在しないが、それでも音楽も、また知的・創造的活動もたくさんあるし、慰安と快楽と激痛からの解放も忘れてはならない。それらの事物はわれわれにとって今価値があるのと全く同じ諸特徴を持ち続けるだろう。しかし私の思うに、そのときわれわれは激しい孤独を感じ、深刻な落胆と憂鬱のあまり動かなくなり、何が自分にとって重要であるかを考える真の関心を失うに至るだろう。それにもかかわらず、われわれは原理上、未来にせよ現在にせよ他の人々がいない世界の中でも、われわれが今していることや経験していることの重要性を認めることによって、価値ある生を送ることができよう。われわれは今現在、別の場所や未来で何が起きているかまた起こるだろうかを気にせずに、それらの物事の重要性を認めているのである。

シェフラーは「自分自身の個人的目的の多くが現在自分にとって重要であるためには、人類が未来を持つことがわれわれには必要である」（一〇七頁）と断言するが、私には、物事がわれわれにとって重要であるために最も基本的に必要なのは、後世の存在でもなければ人類の未来の存在への確信でもないように思われる。シェフラーはわれわれが価値ある生を送ることを可能にするために未来が果たす役割に関心を集中するが、われわれの死後も人々が生き続けるかどうかは、本当はそれほど重要でない。重要なのは、ある仕方でわれわれのことを知っている他の人々がいる――それらの人々が未来のある時点に存在するか、今現在存在するかにかかわらず――ということだ。なぜそうであるべきなのかは明白でないが、それを見出すことには価値があると私は信ずる。シェフラーは個人主義の限界に関する彼の議論によってこの方向に重要な一歩を踏み出すが、継続中の人類社会への所属がわれわれにとって重要だということによってこの点を述べている。私の信ずるところではこれは実際重要だが、話の一部にすぎない。自分自身を理解する際、今の世界に関するわれわれの経験は、未来に関するわれわれの予測と同じくらい重要だというだけでなく一層根本的でもある、と私は信ずる。

6 ［他の人々の存在への配慮は特別に利他的ではない］

別の論点もある。私は〈われわれが後世の存在に依存しているということ――あるいは含意として、われわれが同時代の人々の存在に依存しているということ――は、われわれがどうしようもなく利己的な生物であるという、広く信じられているシニカルな想定を掘り崩す傾向がある〉というシェフラーの示唆にあまり説得力を感じない。私の見るところでは、現在であれ未来であれ他の人々が存在することへのわれわれの配慮の中に、特別に利他的であるものはない。シェフラーの説明によると、それがわれわれと同時代の人々までカバーするように拡張されるにせよしないにせよ、われわれが他の人々を気にかけるのは他の人々のためではないからだ。われわれが他のこの人々を必要とする理由は、明らかに、彼らの存在が彼らの利益ではなくわれわれの利益――われわれの利益がある他の人々の利益になると信ずることについてのわれわれの利益と、自分たちが認められることについてのわれわれの利益――に資するからである。

このことは、後世の存在がわれわれにとって重要だということに関するシェフラーの説明について別の小さな論点を提起する。その論点は彼の説明と衝突するものではなく、単にそれをいささか拡張するにすぎないものだ。それはこうである。われわれにとって重要なことは、単に〈われわれの死後他の人々が存在する〉でもなければ、〈われわれに加えて、ある時点において他の人々が存在する〉ですらなくて、〈ある特定の諸特徴を持つ他の人々が存在する〉であるに違いない。その特徴とはたとえば、すぐれた音楽や文学の魅力への感受性とか、病気になったときに医学が提供する治療法を受け入れる準備とか、必要とあらば少なくとも一部の人々が効果的にそれらの治療を行うスキルを身につける能力といったものだ。もし後世の人々にこれらの特徴が欠けていたら、彼らの単なる存在だけでは、シェフラーがそれに与える諸目的に資することがないだろう。われわれは自分たちの活動にもその産物にも反応しない人々の存在に依存してはいないのである。

われわれはなぜ後世の存在を気にかけるのかという問題――人類が存在し続けることがなぜわれわれにとって重要なのかという問題――について私が考えるところでは、その説明が〈われわれはそうすべき十分な理由を持っている〉でないのは、〈われわれは自分自身の生存を気にかけるべき十分な理由を持っている〉でないのと同様である。いずれのケースでもその説明は単純にダーウィン的進化論によるものだ。われわれが自分自身の生存を欲求したり人類全体の生存を欲求したりすべき理由、あるいは理由であると考えているものが何であれ、われわれがそれらの欲求を持つことを自然選択が保障したということの方が、一層基本的な意義を持つ事実である。シェフラーもまた、われわれの未来との関係を個人化したいというわれわれの欲求と、自分自身を継続する人類史の一部として見たいというわれわれの欲求にしばしば言及する。これらの欲求はどこから来るのだろうか？

われわれはこれらの欲求を生まれながらに持っているのか、それともそれらは文化的・社会的経験のある側面への反応から来ているのか？　ここでもまた、私の見解は〈それらの欲求は自己保存へのわれわれの本能的欲求のヴァージョンであって、ドゥームズデイ・シナリオや人類の終わりの予期に特有のものでは全然ない〉というものに傾く。

7 〔集合的後世の存在はシェフラーが言うほど重要ではない〕

シェフラーは「集合的後世は個人的後世よりも人々にとって重要だ」（一二二―一二三頁）と言う。言い換えれば、人々は自分自身が死後生き永らえるよりも人類が生き続けることを一層気にかけるというのである。彼は個人的後世を信じていない多くの人々がそれでも目的を持った意義ある生を送ると指摘する。その一方、彼が示したと主張するところでは、人類が未来を持つということをもし人々が信じなかったら、彼らが「価値に満ちた生を送る能力は深刻に掘り崩されるだろう」（一二二頁）。かくして彼は結論として言う。「われわれ自身の生存、またわれわれが愛し一番大切にしている人々の生存さえも、見知らぬ人々の生存、人類それ自体の生存ほどにはわれわれにとって重要でない。……人類の差し迫った消滅を予期する方が……価値を持つ生涯をわれわれが送る能力の継続へのはるかに大きな脅威となるのである」（一二三―一二四頁）。

もしわれわれが人類はすぐに消滅するだろうと信じていたらある物事はそれほど重要でなくなると考える点でシェフラーは正しいかもしれない。しかしながらすでに示唆したように、多くの人々が個人的後世は存在しないと信じていながら価値ある生を送ることができるのと全く同じように、人類は近々消滅するだろうと予測する多くの人々も「その日をつかみ」、集合的後世の存在に依存しない重要性を持つ多くの物事の価値を享受する傾向があるだろう。だから後世の存在への確信の喪失がわれわれにもたらす影響はシェフラーが想定するほど暗鬱でないかもしれない。われわれが価値ある生を送る能力は彼が示唆するほど深刻に掘り崩されないかもしれないのだ。事実、避けられない自然の事実のために人類史がいつか本当に終わるだろうと認識していても、ほとんどの人々は現実に価値ある生を生き続けている。われわれは、後世はいつか存在しなくなるだろうとすでに知っている。

すると集合的後世の存在がわれわれ自身の個人的後世の存在よりもわれわれにとって重要であるということは、シェフラーが考えるほど明白ではない。集合的後世の存在への確信を失ったら実際に何も自分にとって重要だと認められなくなるほど意気阻喪する人はいるかもしれないが、他の人々は人類史の継続に依存しない価値を持つ物事を享受し続けるかもしれない。

8 ［方法論的論点と価値の客観性に関する論点］

最後に二つの論点に触れよう。一つは方法論的なもので、もう一つはいくらかテクニカルなものだ。［方法論的な論点はこうだ。］シェフラーの説は経験的判断と思われるものにとても重大に依存している。それらの判断とは、ある状況に際して人々が何を行いどのように反応するかに関するものである。これらの判断は、あらゆる経験的判断と同じように、検証と経験的探究に従うものだ。シェフラーの説では、それらの判断はまずもってその内在的説得力あるいは常識との適合と想定されるもののために提示される。しかしそれはそれだけのものだ。もし経験的探究がこれらの判断は間違っていると示したらどうなるのか？　そうするとわれわれはシェフラーの説全体を斥けるべきなのか、それとも彼の説は文字通りには現実に適合しないとしてもやはりわれわれにとって啓発的なのだろうか？

テクニカルな論点は次のものだ。シェフラーは〈あるものを評価するとは、部分的には、それを単純に価値あるものであると信ずることである〉と断定する。私の信ずるところでは、シェフラーは〈単純に価値あるものであると信ずるということは、われわれにとってだけ価値があるのではなしにそれ自体で価値があると信ずることである〉と言いたいに違いない。これは間違いだと私は信ずる。あるものを評価するということは、本質的には、その中にある価値あるものの存続可能性を維持あるいは向上させるような仕方で行動しようという気になることである。たとえば音楽の例で言えば、それをいつまでも聴いたり、万人にそれを聴くよう勧めたりすることではなくて、それを聞く可能性を確保することだ。ある価値が客観的か主観的かという問題は哲学的問題であって、評価を行う人はこの問題についていかなる信念も持つ必要がないのである。

評価されるものを保全するのか、評価することを保全するのか？

シーナ・ヴァレンタイン・シフリン

サミュエル・シェフラーは私のキャリアを通じて、中心的な深い論点に明晰で独創的で茶目っ気もある透徹した仕方でアプローチするための、たとえ到達不可能だとしても理想となるモデルだった。はっきりと焦点を絞った彼の著作は、それまで親しくても捉えがたかったテーマと議論を見る新しい視点をいつも与えてくれる。それらのテーマや議論はこの視点のおかげで、新鮮で突然理解しやすくなるように思われる。今回の講義は、個人主義と価値とわれわれの生と死の意味についていかに考えるべきかに関して、まさにこの種のインスピレーションの源泉をまたも提供する。この講義はそうすることによって、われわれが冒している環境へのリスクとわれわれが文字通り向かっている断崖について何がそれほど恐ろしいのかを、生々しく、冷静に説明している。

この講義にコメントすることは、名誉だとはいえ大変な課題だ。この著作に対する私の主たる反応は感謝をこめた同意である。シェフラーは哲学の問題の新しい一集合――それ自体として歓迎すべき貴重な贈り物――を同定しその枠組みを与えただけでなく、意義深い主要な諸結論を支持して説得的に論じもした。特に私は、後世の推測と彼がそこから引き出す複数の深い含意について彼は正しいと思う。それらの含意の第一は、われわれは自分の死後に起きることについて決して無関心ではないということである。この反応は合理的であり根深いもので、価値に関する非体験主義的説明を肯定する（四〇、四七頁）。第二に、重要な点において、われわれが合理的に大事に思う他のものの長命はわれわれ自身の長命よりもわれわれにとって実質的に重要である（五五―五六頁）。この事実に関する省察はわれわれが深いところで社会への方向性を持っていることを明らかにして、われわれの利己主義の限界を強調する（八〇―八二頁）。

こういうわけで、シェフラーの説の中に私が直接争いたくなるようなものはほとんどない。私が探求してもっと詳細に肉付けする価値があると考えるのは、現在が未来に依存している仕方をいかにして厳密に特徴づけるかと、集合的な不在を予期することがわれわれすべてに引き起こす当惑の対象を構成するものが精確には何かである。私はシェフラーの講義の中の二つのテーマをもっと詳しく検討してみたい。第一のテーマは〈未来世代へのわれわれの感情面での投資はわれわれが物事やプロジェクトや活動を評価していることから生ずる（あるいはもっと弱い言い方では、評価していることの現われである）。なぜならシェフラーの言い方では「あるものを評価することとその維持あるいは保全を欲することとの間には、概念的関係に近いものがある」(四九頁)〉という発想であり、第二のテーマはそれと関係した、〈われわれは人類史の一部であることに関心を持っているので集合的後世に投資している〉という発想(九八頁)である。

1　価値に関する保守主義

私は価値に関する保守主義が未来世代の存在へのわれわれの感情面における投資の基礎にあるというシェフラーの主張から始める。ここで価値に関する保守主義とは〈あるものを評価することは(ほとんど概念的に)その維持あるいは保全を欲することを含んでいる〉というテーゼである。私はこれを簡潔に「保守主義テーゼ」と呼ぶことにする。このテーゼへの私の関心からは、シェフラーと私自身との間のありうべき見解の相違に至るかもしれないが、私は実際にわれわれの見解の間に亀裂があるかどうか確信が持てない。シェフラーのあげる例の多くが含んでいるのは、個人的な特定のプロジェクトや、それらが未来の人々による参与あるいは評価の継続に依存していることや、このような依存が集合的生命の終焉についてわれわれ各人の感ずるであろう個人的当惑を説明することである。われわれにとって重要な特定の価値の多く(あるいはそれどころかほとんど)の達成が、いまだ存在していない未来の人々に依存しているという点ではシェフラーは正しいと思う。

それでも私は、それらの個人的な不達成の集まり the aggregate of those individual frustrations が、集合的後世の終わりが近づいた際にわれわれが経験するであろう、深い破滅的な**共有された** *shared* 当惑の基礎にあるものかどうか疑問に思う。保守主義テーゼの中身を取り出す際に論ずることになるが、私はシェフラーが想像する破滅的な共有された当惑の真の源泉は、〈われわれが別々に評価する個々のプロジェクトが達成されない〉という共有された条件から発するよりも、〈理由によって行動し評価するという一般的実践が終わってしまう〉という予期から発する方が大きいと考えたい。

保守主義テーゼの最も説得力ある解釈は、おそらくその最も単純な解釈を含むものではない。その後者の解釈によれば、われわれが評価するいかなるものについても、われわれの評価の対象はそれが維持あるいは保全されることである。私がこの解釈に反対するのは、価値ある（あるいは評価される）ものの中には、維持されるべきでは**なく**、むしろ終わりに至るべきものがあると思われるからだ。美しい旋律あるいはすばらしい会話を考えてみよう。これらは長々と延ばされたら退屈になるか自己模倣的になる。人は繊細で芸術的に盛り付けられた料理を評価するかもしれないが、これは料理を後世のためにラッカーを塗って保存することではなく、消費して味わう（そうすることで破壊する）ことを含んでいる。もっと重要な例に移ると、バーナード・ウィリアムズがその論文「マクロプロス事件」(1)で論じ、そしてシェフラーが本書で他の理由から賛成しているように、個人の一生が終わりを迎えるということはよいことだ[2]。人生は一般に短すぎるかもしれないが、人生を評価することはそれが終わりを迎えるのを欲することと矛盾しないだけではなく、人生が終わりを迎えるということがその価値に寄与もするのである。人生がいつまでも続かないという事実は、人生が退屈でうっとうしいルーティンになるのを妨げるだけでなく、その終焉に意義と切実さを与え、特定の価値の集合に即して人生を組織化すべき生き生きとした理由を供給し、人を独自の個人たらしめ、人が人生を送るのを励ますことになる。

だから少なくともこれらのケースの一部において、私はあるものを真に評価しながらもその維持あるいは保全を望まないことがありうるように思われる。実際あるものを評価するということは、適切な時点においてそれが終わるのを望むことをしばしば含んでいる。私は美しい歌やすばらしい会話を評価するが、それらをわざと終わらせるし、さらにその歌をあまりにしばしば繰り返さないよう留意するが、それはその歌が陳腐になって価値を貶めることを恐れるからだ。私は自分の人生を評価するが、ウィリアムズとシェフラーと同様、それを永遠に維持したくはない。(もっとも健康と良い友だちがいれば私は百年間くらい余分に生きることを拒まないだろうが。)

これらの点が正しいとしたら、それは二つの関連する問題を提起する。第一に、もし保守主義テーゼの単純な解釈を取らないとしたら、われわれはそれをどのように正しく理解すべきなのか？　価値あるものの中には、それを保全あるいは維持することが本質的であって、それを適切に評価するということは実際にその維持あるいは保全を欲することである、というような種類のもの、あるいは側面が何かあるだろうか？　第二に、もっと特定して、保守主義のもっと単純でないヴァージョンが、集合的生命の消滅の見込みに対するわれわれの共有された反応の底にあるのだろうか？　またもしそうだとしたら、評価されたいかなる物事のおかげでそうなのだろうか？

保守主義テーゼを擁護して、そのテーゼの理解とそれが具体的にあるいは一般的に真でありうるかの査定とに進歩をもたらしてくれるかもしれないような考慮が二つあげられるかもしれない。第一に、少なくとも私があげた例のいくつかにおいては、われわれは価値あるものの維持あるいは保全がもし可能ならばそれに反対するというわけではない、と言われるかもしれない。むしろこれらの例においては、価値あるものをそれ自体として維持あるいは保全することが不可能なのだ。歌も会話も料理も、そして人生さえも、価値あるものとしてのこれらは時間的延長を通じていつまでも維持できるものではない。なぜならある時点で時間的な長さがその価値を損なうか、少なくとも減少させるからである。多くの場合、価値ある出来事は繰り返しが不可能だし、たとえそれが可能であっても、頻繁に繰り返されるとその価値を損なってしまう（たとえば繰り返された歌や会話のように）。このようにしてこれらのケースでは、価値あるものの終わりなき、あるいは延長された時間的継続（あるいは繰り返し）は、それらを価値あるものとして維持あるいは保全する方法ではない[3]。したがって、もし保守主義テーゼを〈あるものを評価するということは、可能な場合には、価値あるものとしてそれを維持あるいは保全することを望むことを（ほとんど概念的に）含む〉という主張として狭く理解するならば、これらのケースは保守主義テーゼへの脅威にならないかもしれない。

第二に、評価することと維持あるいは保全することとの関係を理解するには、今考察してきた単純な方法よりもよい方法があるかもしれない。価値あるものを時間の中で延長する、あるいは繰り返すことで維持（あるいは保全）するという仕方だけで考える代わりに、おそらくある種の価値ある物事については、その維持（あるいは保全）を、随時あるいは常時の具体的現実化だけでなく記憶の中の保全も含むものとして考えることができよう。保守主義テーゼをもっと長々しく再定式化するとしたら、われわれはこう言うこともできよう。——あるものを評価するということは、それがまだ何らかの仕方で現実化されていないとしたら現実化され、そしてその完全な（あるいはおそらくは、独自の）価値に達することを達成あるいは維持するような程度までそれが追求あるいは保護されることを、確保すべき理由を認めることを含んでいる、と[4]。音楽の調べのような一部のケースにおいては、それの現実化は相対的に短いかもしれないが、癌の治療法の発見とかある古代文明の理解といった複雑な価値あるプロジェクトの実施のような他のケースにおいては、このコミットメントは何世代にもわたる尽力を含むかもしれない。おそらく知識あるいは正義の追求あるいは保全のケースでは、このコミットメントは無数の世代を含むかもしれない。

さらにあるもののタイプに根本的な価値がある（つまり、そのもののトークンの価値が主としてタイプの価値に由来する）ようなものを評価することは、その**タイプ**あるいは**種類**をある形で維持することを含むかもしれないが、それはいかなる特定のトークンの維持にもよらないかもしれない。たとえばある音楽作品を評価するということは、必ずしもその実例がいつまでも維持される――公園で繰り返し放送されるなどして――のを望むことではなしに、ある時点において完全に演奏される（おそらくは鑑賞を望むすべての人々のために）ことを、その音楽と演奏が記憶されることを、その価値を保持する形でこのタイプのトークンが十分に定期的に現実化され続けることを、望むことを含んでいる。

保守主義テーゼの内容をこのように明らかにすると、次のようなことが示唆される。第一に、あるものを評価することと、それを（集合的な）意識あるいは記憶の中にとどめることとの間には密接な関係がある。第二に、あるものを評価することと、可能な場合にはそれを臨時にあるいは定期的に現実化しようとか、時間を通じて維持しようとか、その両方をしようとかすること――現実化と維持の適切な方法が何かは当該のものによって異なるということを認識した上で、それらの方法がその物の価値を適切に達成し保持する限りで――との間にも密接な関係がある。この種の解釈の方が最初に考察した単純な解釈よりも説得力があるが、私はこの点についてまだ確信が持てないし、私のためらいが何を含意するかについても同様である。

私を悩ませ続けるのはこのことである。——私はシェフラーがここで（第1講5）、また過去や未来の人々と実践を共有することでわれわれが過去と未来の両方を個人化する方法の伝統に関するすばらしい論文[5]の中で、言っていることは啓発的だと思ってそれを受け入れる。それはまた人々が過去に投資することへの共感を示し、彼らがその生を「未来から」遡って一層意味あるものとするための懸命な努力を表現しているかもしれない。しかし私は気づかざるをえないのだが、われわれは時間的にも、また同一の社会的・物質的環境においても、価値あるあらゆる目的追求を実現することはできない。われわれが評価する物事の保全と定期的な実行あるいは追求は、そのように理解されると、価値ある新たな実践の発明・採用や未来の世代の自律的な生き方と、抽象的には緊張関係にある。伝統の中には——価値ある伝統の中にさえ——価値ある新たな実践のための十分な社会的余地が存在するためには退かなければならないものがある。実際、価値ある新たな実践の中には、時間・空間・注意に関する競争において以前の実践に取って代わるだけでなく、積極的に後者を斥けるものもある。

過去から続く価値ある（多くの）活動をやめることが必要だと受け入れるのは、むろん保守主義テーゼと衝突しない。人は価値ある実践の維持を高く評価しながらも、その共同体は必要かつ不可避の変化に時には道を譲らなければならないと譲歩できる。しかしながら、われわれがそのようにして変化をやるせなく受け入れられるとしても、私の懸念は〈広く理解された保守主義テーゼは、不妊のシナリオが呼びおこすとシェフラーが説得的に想像する反応の感情の背後にある源泉ではない〉ということである。不妊のシナリオの中でそれほど心をかき乱すのは、われわれの特定の価値ある実践の消滅だけではなくて、特にそれらが消滅する際の状況にある、と私は考えたくなる。

別の例をあげることがこの点を展開する助けになるだろう。私は手触りと匂いを持った物質的書物の文化の繁栄と、書物が容易にする観念とテクストとの独特の種類の知的関与とが続くことを望んでいる。私は物質的書物が悪しき理由から消滅することを考えると打ちのめされてしまう――たとえば、知性主義が後退するという**理由**からであったり、あるいはもし書物の消滅が、書物が忠実に保全してきた知識の喪失をもたらしかねないとしたら。実際、私は自分の収入のかなりの部分を、物質的書物の製作・販売が繁栄し続けるために費やしている。それでも物質的書物が少なくなる理由が、次の世代が知識の保全と消化のためには他の方法の方が魅力的だと考えるからだとしたら、私はその未来を漠然とよそよそしく感じ、間違っていると思うが、絶望に沈んだりはしない。もっと大規模な例もあげられる。田舎や小都市の生き方の中に現われている種類の共同体的価値やきめ細かいケアのネットワークが、グローバリゼーションの経済的圧力のため多くの人々がいやいやながら都会に移住することで解体するとしたら、それは恐ろしい悲劇だと思われるだろう。だがその代わりにこう想像してみよう。人々が小都市の生活を味わい、先祖と連帯した生き方の継続も評価しているのだが、それでも都会の複雑性と刺激と匿名性の方を選び、相互の社会的援助を提供する方法として、もっと地方的でない、官僚的だとはいえもっと規則的なものを選ぶとする。もしこの事態がこれらのよりよい理由から起きるとしたら、小都市の生活の喪失は恐ろしく悲しいと思われるかもしれないが、われわれがそれを評価することと矛盾なしに和解できるだろう。[6]

一部の価値ある活動については、それらが他の同じように価値ある活動に取って代わられることは残念だと、時には間違っていると、感じられるが、それは避けられないことであって、不妊のシナリオが深刻な脅威になるような仕方で耐えられないことではない。このことは、いまだ十分にその価値を実現していないプロジェクトについてさえ真であると思われる。たとえば、多くの世代にわたる建築プロジェクト（ガウディの大聖堂のようなもの）が、その代わりに公園や森林を作るための余地が必要なので中断し放棄されるといった場合だ。耐えがたいと思われるのは、われわれの価値ある活動が何の理由もなく、あるいは恐ろしい理由のために、中止されたり全く忘れられたりすることであって、他の価値ある活動を追求し社会に知らしめるための余地を作り出すために、あるいは別個の道徳的制約を満たすために、それが終了することではない。

価値ある物事あるいは活動が理由なしにあるいは悪い理由のために終わるとき、それは特別の種類の当惑あるいは絶望を引きおこす。この絶望がいかなる事実に対応しているかというと、それは〈理由に基づく反応以外の力がその出来事を強制し、そしてこのことは理由に基づくわれわれの活動の空しさを示すように思われる〉という事実であると私は断定する。価値を有する物事あるいは活動が十分な理由のために終わるとき、その変化は悲しいことかもしれないが、適切な理由と価値を追求しようとするわれわれの努力を無意味にするとは思われない。

注意すべきことだが、ここまでのいくつかのパラグラフの中の一次的な例は、ある価値ある活動努力が他のものによって意識的に取って代わられるが、そこには評価という継続的な実践――すなわち、われわれにとって何が重要かとわれわれが何を行うかを確定するための諸理由を認識し実現しようとする試みという、継続的な実践――を含んでいた。このことは、保守主義テーゼが特定の評価された物事に関して奪う力の程度を疑わせるかもしれないが、それを考えることは**あらゆる**価値あるプロジェクトの中断・中止に対する深い抵抗の根拠を与えるかもしれない。未来の人格化［個人化］はわれわれの個別の死をそれほど恐ろしくないものにするのだが、われわれの個別的な価値ある事物すべての全面的消滅はこの人格化を不可能にする、という点でシェフラーは完全に正しい。しかしそれは私が念頭に置いていることではない。私が述べようとしてきた発想は、〈価値を認めて理由によって行動するという一般的な実践が続くことは重要である――たとえその抽象的活動の個々の具体化された対象の多くが変化し進化するとしても〉というものだった。

そのような多くのプロジェクトは変化するかもしれないが、評価という一般的実践と密接に結びついたわれわれの価値あるプロジェクトの中には、それほど裁量を容れず、もっと義務的なものがある。価値ある活動の特定の現実化が理由によって変化することが受け入れられるとしても、われわれが何をどのように(積極的に)評価していたかを**記憶する**という一般的な実践が続くことも重要だと思われる。さらにシェフラーが論ずるように、われわれが集合的後世から望むことの中には、正義がなされるという感覚がある(一一五―一一六頁)。〈未来の人々が存在するという条件の下でのみ正義は行われる〉ということが重要だとは思われないが、〈最終的には十分な道徳的進歩をとげる人々がいて、彼らは正義を単に頭に描くのではなく自分たちの間で達成する〉ということは重要だと思われる。

だから私が不妊のシナリオを考えるとき、最も破滅的に悲しく思われるのは、単にわれわれが愛する特定の価値ある実践と目的追求――その中には、適切に実現されるためには何世代もかかるプロジェクトが含まれる――の集合体が終わりを迎えるだろうという考えだけではない。私にとってその考えが深刻に悲劇的に思われるのは主として、**なぜ**それが終わりを迎えるのかである。それらのプロジェクトは理解可能な理由のために価値を奪われるに至るのではない。この理解可能な理由とは、同じように価値がある他のプロジェクトがそれらに取って代わるとか、われわれは別の種族のために、あるいは未来の子どもたちが直面することになる状態への配慮から、繁殖をやめることを選ぶとかいったものだ。(7)悲劇は、価値ある活動の実行・再実行・記憶がいかなる十分な正当化理由もなしに全面的に終わるということである。(8)確かにそこには説明があるが、その消滅は理由を実行することでもたらされたのではない。さらに、(ウィリアムズとシェフラーが正しいとして)生涯の(十分な)価値に寄与する個人の一生の終わりと違って、われわれの集合的な生が終わるという事実はその価値に寄与しない(一七二—一七三頁)。(9)最後に、近い将来におけるその消滅の結果としてわれわれが義務的な目的——すなわち、正義に適った関係や散発的でない恒常的な道徳的品位ある関係の実現——を決して実現できないことになるという思いは私を苦しめる。

このようにして、私が示唆するのは、不妊のシナリオの戦慄的 *horrifying* なところは、われわれが評価する個別の物事の全面的消滅よりも——確かにそれは恐ろしいが——もっと特定の抽象的なあるものの消滅にある、ということである。それは評価するということ *valuing*——何が重要であるかの認定と、われわれがその価値を認めるという理由で、価値あるものを実行・実現するという実践の引受け——の暴力的消滅にほかならない。もし人が、価値あるもののほとんどについて、その十分な価値はそれらが正義に適った道徳的に品位ある文脈に依存していると考えるとしたら、〈評価することが継続するのは肝要である〉という発想と〈道徳的な関係が達成されるのは肝要である〉という発想がそのとき結びつくことになる。

その次にこれらの示唆は、保守主義テーゼとそれが最も力を持つことになる諸条件に関する特定の理解に結びつく。私は当初の保守主義テーゼの簡潔な説明について二つの精密化を示唆してきた。第一に、正しい関係は〈あるものを評価すること〉と〈それを（集合的な）記憶の中に記録し、可能ならばそれを随時あるいは定期的に現実化するか時間を超えて保全するかその両方を行う――それらの方法が当該のものの価値を適切に達成し維持する限りにおいて――こと〉、あるいは〈これらの承認の諸形式を適切な正当化理由のゆえに意識的に捨てること〉との間にある。[10]要するに、価値あるものの取り扱いが理由に従ってなされるということが重要なのである。第二に、評価するというもっと一般的で抽象的な活動と、まさにその抽象的活動が継続してほしい――その対象は（理由があって）時間を通じていかに変化しても――という熱い願いとの間には正しい関係があると思われる。

2 人類史

保守主義テーゼをこのように理解すべきだという提案は、シェフラーの「われわれの活動の現実の価値は継続中の人類史の中で占めている位置に依存している」（九八頁）という発言の中の**人類** *human* という面にいかなる強調を置くべきかについていくらかの躊躇をもたらす。深い意味で究極的に重要なものは、**私**あるいは**われわれ**が現在評価している実践の継続ではなくて、評価するという活動が十分な理由があって継続することであるかもしれないのだが、それと同じように、深い意味で究極的に重要なものは、**人間**が評価するという実践の継続ではなくて、理性的行為者による評価の実践であるかもしれないからだ。人類がネアンデルタール人と同様に進化圧に屈するが、他の理性的な種族がわれわれに代わって発生し繁栄するとしてみよう。さらに、次の理性的な種族はわれわれのことをかなり正確に記憶し、われわれの価値を認識し、われわれが何をなぜ評価したかを理解し、道徳的に行動しようと努力し、大きく異なるがやはり価値ある実践に理由によって従事する、とも想像しよう。私にとってはこんな未来を想像するのは異様で情けないことだが、それは深刻なほど暗澹たる未来ではない。理由による評価活動が突然に——理由なしに——終わることがなく、歴史という実践——つまり、誰が存在したかを記憶し彼らが何を評価したかを理解するという実践——が続くということが重要なのである。私は記憶と評価がわれわれのような生物によってなされるということが核心的に重要だとはそれほど確信していない。

私は最後に、集合的な過去と集合的な未来を持った**歴史**の一部であることの意義と未来を持った集合体の一部であることの意義の対比に関する、いくらか関連する問題に触れて終わりにしたい。ルクレティウスは、われわれは自分が死後個人として存在しないことについては苦しむのに、誕生前に存在しなかったことについては気にしないと述べた。[11] われわれは誕生前の自分の不存在を気にしないのだから、自分が死すべき者であるということをもっと気にしなくなるべきだ、と彼は考えた。ほとんどの人はこの示唆に説得されなかったが、ここに非対称性があることを認めて、それは興味深い問題だと考えている。

それに照らしてみると、集団の前史と消滅についても同じような非対称性がある。むろん、われわれの誕生前の不存在と違って、われわれの集合的な生はわれわれの各人の前から長い間存在していた。しかしある時点において人類は存在していなかった。また幸運（と環境の改善）によって、われわれの集団としての死は個人の死よりも長く遠ざけられるだろう。

私の思うに、ルクレティウスの指摘した非対称的態度に似たものがわれわれの［人類］集団としての生についても存在する。第一に、集合的後世がいつかは終わるという予期と対照的に、われわれが以前集団として存在しなかったということは、不安や絶望よりも関心や驚きの源泉である。われわれが存在しなかったとき、多くの価値あるものは認知もされなければ、意識的に実現もされなかった。共感や遊びや簡単な算数や歌は動物が発生した時からあったかもしれないが、文学や建築や絵画や哲学や高等数学などは存在しなかった。それらの動物の中にはお互いや環境を評価した者がいたかもしれないが、われわれにとって可能な種類の複雑な自己意識的な評価活動はおそらく存在しなかった。それらが存在しなかったということには問題がないと思われる。それなのに、評価活動が存在しない未来の方は荒涼たるものと感じられて、もしわれわれがそれに焦点を合わせるとしたら、われわれの生活は直接影響を受け、平静ではいられなくなるかもしれない。

おそらくその理由は、われわれの集団としての不存在は大昔のことだからだろう。おそらく同じくらい遠い未来の集団の不存在はわれわれを悩ませないだろう――もっともそれに近づいている人々を悩ませるであろうことは理解できるが。しかしわれわれの「人類集団としての」始まりがもっと突然で時間的に近かったとしてみよう。あるばかげたSF的陰謀のストーリー――サイエントロジーの神話(12)のようなもの――が正しかったということが発見された、しかしそれはもっと最近の出来事だった、としてみよう。われわれと全く異質の異星人がわれわれを創造し、約百五十年前にわれわれをこの地上に置き、ミスリーディングな証拠を残し、われわれの個人的・社会的・生物学的歴史について効果的だが偽りの神話を埋め込んだとしてみよう。彼らが制作した人格と偽りの歴史はそれらの価値や規範的代替物の意識的実行を表現していなかった、と想像しよう。われわれのプロファイルはランダム化されたおかしなシミュレーション・ゲームの結果にすぎないのだ。いずれにせよ、これはわれわれが異星人と未知の規範的継続性を共有しないケースだと想像しよう。するとわれわれは欺瞞に苦しみ、われわれの過去について深刻な疑いを懐き、われわれを操作する異星人の存在を不安に思うだろうが、それを別にして、人類史がそれほど最近まで存在しなかったという事実は、これから百五十年すると［人類という］集団が存在しなくなるという見込みと同じくらい狼狽させる *as upsetting* だろうか？

私自身がこのケースを導入したのだが、私はこの種のSFを想像することに困難を感ずる。正しいケースを発明するのが難しいのである。欺瞞と無知と方向転換と恐怖と背信に関する論点を消去するのは特に難しいと私は譲歩する。このシナリオは確かに人を苦しめるが、それは主としてそれらの理由によるものだと私は考える。自分のアイデンティティとプロジェクトが歴史的伝統の継続と保全を中心としているような人々にとって、彼らの評価の実践は確かに根拠を欠くことになる。しかし他の人々にとって、この状況が彼らを苦しめるのはわれわれが集合的過去の多くを持たないことになるからではないだろう、と私は思う。もし人がどうかしてそれらの別の論点を無視できたら、〈われわれには真の集合的歴史が欠けていた〉という事実は、集合的未来の欠如と同じくらい人を苦しめることはないだろう、と私は考える。もしそうだとしたら、ルクレティウスの指摘した非対称性は個人にも集団にもあてはまるので、それが生ずるのは、〈われわれの人類としての不存在は時間的に遠く離れていて想像しがたい〉という事実だけに起因するのではない[13]。

人間には歴史があったのだから、ある物事や実践を過去の人々と共有する——彼らについて知り、認め、彼らと時間と空間ではなくても活動を共有する実践の一部を行う——ことは、(シェフラーが伝統に関する著作の中で論じたように)重要だと思われる。[14] しかしもしわれわれがパイオニアであって事実上最初から始めるとしたら、私は豊かな歴史の不存在が豊かな集合的後世の不存在と同じくらい問題になるということに確信を持てない。この集合的後世はわれわれの現実の諸価値の継続ではなくても、評価するという実践の継続を含んでいる。歴史は歴史が存在するときに最も重要なのだが、シェフラーが言うように、後世はそれが存在しようがしまいが[存在するか否かが]重要なのである(九九―一〇〇頁)。

このことはまた、最も重要なことの一部は、単に人類の(あるいは理性的存在者の)歴史の一部であって時間を通じて価値を維持するということではなくて、未来に向かう特定の仕方でそうする――現在進行中で、理由によって進歩し発展するプロジェクトの一部である――ということである、と示唆する。[15] シェフラーが賛同するかどうかはわからないが、私が示唆してきたのは、根底において**その**プロジェクトこそ、諸価値と諸理由に適切に反応するというプロジェクトと抽象的には同一視されるべきである、ということだった――もっともわれわれの各々は、個別的な価値を肯定し追求し、それによって十分価値のある生を送る独特の諸個人となることによって、自分個人の分を果たすのだが。

注

（1） Bernard Williams, "The Makropulos Case: Reflections on the Tedium of Immortality," in *Problems of the Self* (Cambridge University Press, 1973), 82-100.

（2） シェフラーも第3講の中で（一四五―一五五頁）ウィリアムズの論文を独創的かつ啓発的な仕方で論じ、ウィリアムズと同じ結論に、しかし異なる理由から到達する。

（3） この点を人の生涯のケースに正しく適用する方法は確かにもっと混み入っている。歌と違って、生涯がある時点で終わるということは、その時点における終焉が善いものだとか、その生涯がもっと続いたらそれは価値がないといったことを意味しない。多くの人々の生涯については、それがもっと長く続いてもその価値はなくならないだろう――たとえ生涯の終わりなき継続はそうでないとしても。むろん、ある生の質が悪化して惨めなものになったら、特定の終焉はその時点では善いものでありうる。だがそうであっても、生がその本人にとってもはや価値がないかもしれないケースでも、その命がやはり引き延ばされたとしたら価値の他の徴が存続するかもしれない。たとえば、他の人々は尊重をもってその人とその命を取り扱うべき責務を負っているかもしれない。彼らは本人の依頼によってその命を終わらせてもよいかもしれないが、その生死を行き当たりばったりに、あるいは面白半分に、取り扱ってはならないのである。

（4） ここでもまた、人間の生のような複雑な価値あるもののケースにおいては論点を正確にとらえるのが難しい。

（5） Samuel Scheffler, "The Normativity of Tradition," in *Equality and Tradition: Questions of Value* in Moral and Political Theory* (New York: Oxford University Press, 2020), ch. 11, 287-311.

（6） これと関係する、しかし全く異なる価値観による議論が G. A. Cohen, "Rescuing Conservatism: A Defense of Existing Value," in R. Jay Wallace, Rahul Kumar, and Samuel Freeman, eds., *Reasons and Recognition: Essays on the Philosophy of T. M. Scanlon* (New York: Oxford University Press, 2011), 203-30 の中に現われる。

（7） 私は繁殖に関するいくつかの道徳的争点を "Wrongful Life, Procreative Responsibility, and the Significance of Harm," *Legal Theory* 5 (1999), 117-8 で論ずる。現在世代の生が意味を持ち続けるために現在世代は未来世代を必要とするということが、後者を作り出すための十分な道徳的理由になるか――未来世代の生は生きるに値するものと想定し、また私がしているように、人は未来世代を作り出すためには十分な道徳的理由を必要とすると想定すれば――は、興味深いさらなる問題である。

（8） われわれの集合的生を終わらせるべき十分な理由が存在していて、われわれがそれを採用したとしたら、私の思うに、この方途は経験の苦しみを小さくするが、それでもそれは大変意気消沈させるものだろう。その理由は、単にわれわれの特定のプロジェクトが妨害され維持されなくなるからだけでなく（もっとも多くのプロジェクトはそうなるのだが）、むしろ宇宙が、正当化理由なしに生起する出来事だけからなる（もっとも、少なくともそれらの出来事は**誰か**に起きるわけではないのだが）ことになってしまうからだろうか？ 私はこの点についてはそれほど確信を持てない。むろん過去において、宇宙は何の正当化理由もなしに起きる出来事だけからなっていた。これから論ずるように、理由なき未来は理由なき過去よりも重大だと思われる。

（9） シェフラーが言うように、個人のケースと集団のケースとの間には重要な相違がある。個人は統一された意識と態度（と個性的性質）を持っている。これらの特徴は〈個人の生に終わりがあるということには、集合的生のケースにはあてはまらないような善さがある〉という議論の中である役割を果たす。

(10) しかし私は、かつて生きた人々と彼らが評価した事物を何らかの仕方で集合的記憶の中に記録しないことを正当化するために十分な理由がありうるとは思いにくい。

(11) ルクレティウス『物の本質について』第三巻八三〇―四二行。翻訳は A. A. Long and D. N. Sedley, *The Hellenistic Philosophers* (Cambridge: Cambridge University Press, 1987), vol. I, 151–52.

(12) たとえば Bent Corydon and L. Ron Hubbard Jr., *L. Ron Hubbard, Messiah or Madman?* (Secaucus NJ: Lyle Stuart, 1987)（一群の「シータン Thetans」の地球外創造に関するサイエントロジーの説明、シータンが受けた埋め込まれた洗脳、われわれの精神の中に一群のシータンが隠れた形で埋め込まれ続けているということを述べる）360–66; Joel Sappell and Robert Welkos, "Scientologists Block Access to Secret Documents, 1,500 Crowd Into Courthouse to Protect Materials on Fundamental Beliefs," *Los Angeles Times*, November 5, 1985, 1 を見よ。

(13) この非対称性は、〈われわれの過去の不正は未来の不正の予期ほどには心を痛めない〉という別の非対称性と関連しているのではないかと私は思う。

(14) Scheffler, "The Normativity of Tradition," in *Equality and Tradition*.

(15) 私はわれわれの評価活動が未来向きであると言うが、だからといって、われわれの先祖への過去向きの配慮をそれにもかかわらず表出したり、遡及的に彼らの生涯を一層意味あるものたらしめるプロジェクトのいくつかを可能ならば援助したりすることが、重要でないとか重要性が小さくなるとか言うつもりはない。

私が死に、他の人々が生きるということ

ニコ・コロドニ

1 〔死の恐怖の性質〕

サミュエル・シェフラーは第3講で次の二つの、それぞれ人を不安にさせ、あるいは慰める主要テーゼを支持して論ずる。

A 死がわれわれから人間的な善を「剝奪 deprive」することとは独立に、われわれは死を恐れるべき理由を持つ。なぜならそれはわれわれを「消滅 extinguish」させる、つまりわれわれがもはや存在しないということを生じさせるからである。（私の用語法）

B もしわれわれが決して死ななければ、われわれは生を生きることがない（強い結

論)。あるいは価値ある生を生きることがない(弱い結論)。

シェフラーはBから二つの結論を導き出す。あるいは導き出すように見える。

C 決して死なずに生を生きるということ、あるいは決して死なずに価値ある生を生きるということは、概念的に首尾一貫しない。

D 決して死なないことはわれわれから生あるいは価値ある生を奪うから、われわれにとって破滅になる。

私の理解するところでは、Cはわれわれが単純な意味で決して死なない——つまり、われわれの有機体が意識の助けを含む生命機能を無期限に続ける——ということは首尾一貫しない、という意味ではない。決して死なないということは、少なくとも概念的には可能である。

私はAが持ついささか驚くべき諸含意を引き出すことから始める。シェフラーは多かれ少なかれ明示的に、それらの含意のうちの一つを受け入れる。

E　人はそれ以外の選択肢が可能でない何ものかを恐れるべき理由を持ちうる――概念的には可能であるというよりも強いが、それでもかなり弱い意味の「可能」の意味において。

しかし他の含意もある。

不運な人にとって死は何も剝奪しないかもしれない、ということに注目しよう。その人にとって将来の生の悪は善をしのぐかもしれないからだ。Aによれば、そのような不運な人もやはり消滅という死を恐れるべき「利己的」理由をやはり持っている(1)。そうなのかもしれない。それにもかかわらず、私にはそのような不運な人は死を**避ける**べき利己的な理由を持たないように思われる。私はこの結論を洗練された形而上学に全然基づかせずに、単純にこの不運な人の熟慮の状況への参与に基づかせる。もし見込まれる悪が善をしのぐとしたら、そのことは私にとっては問題を解決する（むろん、他の人々への非利己的な影響や、その他の価値あるものは無視するとして。その中には人格そのものへの尊敬の欠如も含まれるかもしれない）。「消滅という悪」が秤を生の継続の方に傾かせるが、継続する生の中の善の総量がもっと少なければそれは凌駕される、などということはありそうもない。実際、消滅自体が生の含んでいる善と悪と同じ秤にかかるという考えは場違いで、一種のカテゴリー・ミステイクのように思われる。

これは次のことを示唆する。

　F　消滅それ自体を避けるべき利己的理由は存在しない。(2)

全然驚くべきことではないが、AとDは次のことを示唆する。

　G　人は自分が避けるべきでない圧倒的な利己的理由を持つ何ものかを恐れる理由を持ちうる。

シェフラーが言うように、歯医者に行くことはこのおなじみの例である。しかし驚くべきことにAとFは次のことを含意する。

　H　人は自分が避けるべき利己的理由を持たない何ものかを恐れる理由を持ちうる。(3)

［消滅以外に］Hの他の例を考えることは難しい。歯医者に行くことを避ける何らかの理由はある。それは不愉快だ、というのが理由だ。

もしわれわれが、

I　もしあるものがある仕方で人にとって悪いとしたら、人はそれを避けるべき利己的な理由を持つ。

と想定するとしたら、シェフラーは次の主張にもコミットしているのかもしれない。

J　人は自分にとって悪くない何ものかへの利己的恐怖の理由を持ちうる。(4)

Jに至る別のルートは、ルクレティウスによるものだが、誕生前の不存在と死後の不存在との間の一見した非対称性に訴えかけるものである。

1　人の誕生前の不存在それ自体――つまり、その人から一層長い生の善を奪うことを別として(5)――は、決してその人にとって悪くなかった。

2　この文脈において、誕生前の不存在それ自体と死後の不存在それ自体との間に有意義な相違はない。

3　それゆえ、死後の不存在もその人にとって決して悪くない。

もしJが偽であるとしたら、すなわち、もし

4　人は自分にとって何らかの仕方で悪いものだけを恐れるべき利己的理由を持つとしたら、その帰結としてAは偽であるということになる。すなわち、

5　人は自分の死後の不存在を恐れるべき利己的理由を持たない。

だからシェフラーは別の仕方でJにコミットしているのかもしれない。彼はAに反対することの議論を排除するためにJを必要としているのかもしれない。

さらに次のことに注意しよう。

6　もしXが過去の出来事あるいは状態であって、それと有意義に似ているYという出来事あるいは状態がかりに将来生ずるならば人はYを恐れるのが合理的であるとしたら、人がXのことを考えると不安な気持ちを感ずるのは合理的である。

たとえば、惨劇を間一髪逃れた人あるいは戦争の恐怖を経験した人が、これらの過去の出来事のことを平静に考えられるとは合理的に期待できない——たとえ彼がそれらの出来事は決してまた起きないだろうと十分知っていても。実際彼はそれを考えるだけでもぞっとするだろうと想像できる。しかし私は次のように考える。

7　自分の誕生前の不存在それ自体を考えると不安を感ずるのは不合理である。

私がニクソンの最初の任期のことを考えるとどんな不安を感ずるとしても、私がその任期中にまだ存在していなかったという事実について不安を感ずるとしたら、それはおかしなことだ。しかし2と6と7も、シェフラーのAが偽であるということを含意する。だからおそらくシェフラーは6も否定しなければならない。するとこういうことになる。

K　もしXが過去の出来事あるいは状態であって、それと有意義に似ているYという出来事あるいは状態がかりに将来生ずるならば人はYを恐れるのが合理的であるとしても、人がXについて不安な気持ちを感ずるのは合理的でないかもしれない。

シェフラーはJとKを別の仕方で避けようとするかもしれない。私はわれわれが消滅を恐れる際に恐れているのは死後の不存在という「状態」であると想定してきた。このために2――誕生前の不存在と死後の不存在は有意義な点で似ているという主張――が意義を持った。しかしわれわれが恐れているものを特定すれば、それは不存在という状態への「移行 passage」なのかもしれない。(6) そしておそらく不存在という状態への移行――死が含んでいるもの――は、そこからの移行――誕生(あるいは懐胎、あるいは誕生後の成長)が含むもの――とは違うのだろう。しかしもしそうだとしたら、不存在への移行について、われわれが恐れているものは何だろうか――〈これが起きるとわれわれは不存在の状態に「いる」ことになる〉という事実を別にしたら? そしてその移行は不存在からの移行とどこが違うのだろうか――後者も同じように「異様」あるいは「不可能」(一四三頁)と思えるかもしれないのに?(7)

もしAが実際にHとJとKを含意するとしても、この事実は必ずしもAを反駁しない。それは単にシェフラーが苦労して強調しようとしているあることの証拠になるにすぎないかもしれない。それはわれわれの死の恐怖の特異性である。われわれの死の恐怖は、さらなる生の善が剝奪される恐怖とは別物である限り、他のいかなる恐怖とも似ていないかもしれない。その恐怖の対象は、われわれが避けるべき理由を持たないもの、われわれにとっていかなる仕方でも悪くないもの、われわれがその過去における類似物のことを考えても全然不安にならないものである。

2 [不死の生の願望は概念的に首尾一貫しないか?]

私は今やCとDの諸含意に転ずる。シェフラーはCが次のことを含意すると言う。

L　われわれの生あるいはわれわれの価値ある生が永遠に続いてほしいという願望は、概念的に首尾一貫しないものへの願望である。

ここから何かが出てくるとしたら、それは何だろうか? その願望は不合理だということが出てくるだろうか? われわれは両立できない別々の対象への願望を合理的に持つことがありうる。それらの不可能な組み合わせをも合理的に望むことはできないだろうか? おそらくそれに対する答は、合理的であろうがなかろうが、そんな願望は存在しない、というものだろう。すでに述べたように、それが持つような命題的対象は存在しないのだから。

しかしそれでも、Cという事実――われわれの生あるいはわれわれの価値ある生は終わりに至らざるをえないということ――自体を**残念に思う** *regret* のは不合理だということが出てくるだろうか？　その態度は命題的対象を持っていて、それは必然的な真理である。これに対して、われわれが合理的に何かを**残念に思う**ことができるのは、それに替わる概念的に可能な選択肢があるときに限られる、と返答されるかもしれない。しかしシェフラーはこの返答ができるだろうか？　すでに述べたようにシェフラーはEを受け入れている。われわれは自分の死を合理的に**恐れる**ことができるのだ——非常に弱い意味の「可能」の意味においてではあるが、死に替わる可能な選択肢が存在しないにもかかわらず。

いずれにせよCによると、望むに値する永遠の生への欲求は概念的に不可能なものへの欲求である（だからおそらく、そもそも欲求ではない）。そしてDによると、決して死にたくないという欲求は、われわれから意味ある生を奪う、それどころかいかなる生をも奪うのだから、われわれにとっての破滅への欲求である。それでもシェフラーが認めているように、決して死にたくない、さらに永遠の生を享受したい、という欲求は広範に存在するようだ（一一三―一一五頁）（個人的後世への渇望を強めるかもしれない、自分の愛する人と結ばれていたいとか正義が行われるのを見たいとかいった他の欲求から区別されたときでも〔一一四―一一七頁〕）。『ローマの信徒への手紙』第六章二三〔「罪が支払う報酬は死である。しかし、神の賜物は、私たちの主キリスト・イエスによる永遠の命である。」〕は昔も今も信奉者を持っている。われわれはこれをどう理解すべきだろうか？

そのような人々に一層深い混乱を帰するところまで行かない一つの可能性を示唆するも

のは、〈われわれが決して死なないだろうと知るならば、それはシェフラーが認めるように〔一一七頁〕われわれを死の恐怖から解放するだろう〉という事実である。もしシェフラーのAが正しいとしたら——われわれの消滅がいつ生ずるにせよ、われわれはその消滅自体を恐れる理由を持っているとしたら——これはその恐怖からわれわれを救う唯一の**理性的**方法である。われわれの消滅が**決して**起き**ない**ということがなかったら、その恐怖への理由がやはり存在することになる。一般的にわれわれがそのような恐怖への理由をなくそうと望むべき理由を持つと想定すると、われわれは決して死にたくないと願うべき理由を少なくとも持っている。

これまたそのような人々に一層深い混乱を帰するところまで行かない別の可能性もある。それは、彼らが本当に欲しているのは無限の時間ではなくもっと多くの時間である、というものだ。つまり、彼らがいつ死ぬにしても、彼らは自分がその時よりも後に死にたいと欲するのである。これは欲求の合理的な構造だと思われる。われわれが**いつ死ぬにせよ、**われわれが**その時死ぬことは、すべてを考慮に入れると、それよりも後に死ぬよりもわれわれにとって悪い**（少なくとも、われわれの生が生きるに値するならば）というのだ。第一に、それはわれわれが一層長いが有限な生を生きたとしたら享受したであろう善をわれわれから奪うという点で一層悪い。第二に別の点で、それは**より善いわけではない**。つまり、われわれがその時点で死ぬことは、われわれがある時点で死ぬという点についても、そうして不死という破局を避けるという点についても、それ以後に死ぬことよりも善いわけではない。

これは一方におけるCとDと他方における「保守的」衝動（四九―五〇、六八―六九頁）との間の一見したところの緊張関係を弱めることにもなるかもしれない。後者の衝動を次のように解釈するとしてみよう。――あるものを評価するとは、その永遠の存続を願い、善いと考え、努力すべき理由を自分が持つとみなすことである――。そうするとわれわれの生を評価するとは、邪《よこしま》にも、われわれの生が永遠に続くという、概念的な不可能事あるいはわれわれにとっての破滅を善いと考える等々のことである。しかしその衝動を次のように解釈してみよう。――あるものを評価するとは、それが終わるいかなる特定の時点についても、それがその時まで続くことを願い、善いと考えることなどである――。欲求のこの構造は首尾一貫している。

3 〔不死の生は（価値ある）生ではないのか？〕

次にBを支持する議論を見よう。なぜわれわれはBを受け入れて、それゆえにCとDを受け入れて、もしわれわれの生が永遠に続くとしたら価値ある生は存在しない、あるいはそもそも生は存在しない、と考えるべきなのか？　一つの可能な答は、永遠に続くいかなる生も生ではない、あるいは価値ある生ではない、というものだ。しかしなぜそれを受け入れるのか?

シェフラーは三種類の理由をあげる。第一に、彼は〈生あるいは価値ある生は、**段階を経る進行、変化、発展**などを要請する〉と示唆する（一五五―一五六頁）。

しかし終わりのない生も、段階を経る進行を含むことができる――（限られない数の）［時間的に］限られた段階を経る進行さえ含むことができる。人類の進歩と比べてみよう。人類が永遠に存続するということは理解できると思われるが、それは人類が進歩や変化や発展などをとげないということを明らかに意味するわけではない。

第二に、シェフラーは〈生あるいは価値ある生は、**喪失・病気・怪我・損害・リスク・危険**などの可能性を要請する〉と示唆する。そしてこれらはその内容の多くを死の可能性から引き出している（一五六―一五七頁）。

しかしこれらの内容の多くは、死の可能性がなくても残ると私には思われる。名誉や評判や自尊心の喪失、良心の疚しさ、プロジェクトの失敗、負傷、失望、自分の愛する人々からの拒絶や離別、奴隷化、恥辱、失職、能力喪失、自分の身体や環境をコントロールできないこと、そしてむろん苦痛と苦しみがやはり存在しうる。

実際、不死はその程度を恐ろしいまでに高めるだろうと考えることもできよう。自分自身と生きていけなくなるような行為をしてしまうのは十分に悪い――しかし、それにもかかわらず永遠に自分自身と生きなければならないのはどうか？　死よりも悪い不運をこうむるのは十分に悪い——しかし死によって解放されるという希望なしにそのような不運をこうむるのはどうか？　プロメテウスやシシュポスの刑罰の神話や地獄の描写が持つ力の多くは、それらが終わりなき苦しみであるということに確実に負っている。不死はリスクや危険などを取り除かない。それどころか、それらを破壊的なものにすると思われる。〈認めなければならないが、これは〈可死性には立派な取り柄がある〉という趣旨の別の結論に至るルートかもしれない。〈可死性が物事に重要性を与える〉というのではなくて、〈可死性は物事が深刻になりすぎるのを阻止する〉というわけだ。〉

シェフラーが与える第三の理由は、〈時間の希少性は、評価することの必要条件、あるいはさもなくとも重要な条件である〉というものだ。彼はとても示唆的なことに、その希少性がなければ、われわれは構造を持つ熟慮や、比較評価——従って評価全般とも言えよう——を行う必要性を理解することもできない、と論ずる（一五九—一六〇頁）。

しかし他の種類の希少性も同じ機能を果たせるのではないか？　時間が希少でないという事実から、希少なものは何もないという結論は出てこない。

いずれにせよ、生きている時間が希少でないとしても、時間の希少性はやはりありうる。シェフラーは消滅する対象や一回的な出来事に関与する時間は限られているかもしれないと述べている（第3講注15）。しかし時間の希少性の源泉は他にもたくさんある。（1）もし不死の生が有限の発展段階からなっているとしたら、これらの段階の有限性は時間的な希少性を生み出すだろう。ある段階において機会をつかみそこねたという後悔は人生の次の段階に持ち越されるかもしれない。(若さは若者によって浪費されているという、ジョージ・バーナード・ショーの警句が念頭に浮かぶ。)(2)われわれが他の人々とともにいる時間が限られているような不死の生を想像してみよう。人は自分が愛することになった人と、死によってではないが、最後は離別するのである。(3)財[善]の中にはその性質上時間において「位置的」なもの、あるいは「タイミング」に依存するものがある。あるものを発明あるいは発見するためには、最初でなければならない。人は誰かと一夫一婦制の結婚をするためには、誰か他の人よりも前に、結婚の申し込みを相手に受け入れてもらわなければならない。(4)一般的に言って、希少な財を求めて競争するときは「早い者勝ち」が何よりも重要である(それ以外の選択肢が永遠の欠如である場合は特にそうだ、と考えられるかもしれない)。

最後に、私が強い印象を受ける事実がある。小さい子どもは、人間が、特に自分自身が、死すべき存在だということを大して把握していなくても、多くの物事——自分の親の注意、自分の環境のコントロール、新しい技能の獲得——をしばしば極めて強烈に気にかけている。むろん子どもは暗黙のうちに可死性に関する信念を洗練された仕方で持っているとか、子どもが行う評価なるものはもっと単純素朴だとか言うこともできよう。しかし私の記述を額面通り受け取ってくれるならば、それは〈希少性、特に時間の希少性の意識が評価にとってかりに必要だとしても、自分自身が死すべき者だという意識によって引き起こされたそのような希少性意識までは必要でない〉ということを示唆する。

私は次のテーゼに関する疑問を提起してきた。

もしわれわれが決して死なないとしたら、われわれは生を、あるいは価値ある生を送ることがない。**なぜなら永遠に続く生は生ではない、あるいは価値ある生ではないからである。**

もっと弱い、もっと擁護しやすいテーゼはこうだ。

M　もしわれわれが決して死なないとしたら、われわれは**人間的な** *human* 生を、あるいは**人間的な**価値ある生を、送ることがない。なぜなら永遠に続く生は**人間的な**生ではない、あるいは**人間的な**価値ある生ではないからである。(8)

それでもMは「規約的定義に基づくトリヴィアルな真理にすぎない」(一六〇頁)ように読めるかもしれない。それは**別の種類**の永遠の生、あるいは**別の種類**の諸価値を持つ永遠の生の可能性を排除しない。なぜ人はその永遠の生やその諸価値が「人間的」なものとして分類されないことを気にするべきなのだろうか？　人間的であるにすぎないものにひたすらこだわることは、結局のところ、不死への願望とは無縁ではないか？

おそらくそれに対する返答は、〈重要なことは、それらの価値が「人間的」というある基準それ自体を満たさないということではなくて、これが含意している何ものかである。それはつまり、〈われわれの現実の諸価値がこれらの基準を本当に満たしているという想定の下で〉それらの価値は単純に**われわれの**価値ではない、ということである〉というものだろう。この考えは言う。「一番よくても、永遠に続く生はわれわれの価値とは極めて異なる価値を帯びていることになる。われわれの価値はわれわれが愛着を持ってきた価値であり、それによってわれわれは定義されるようになってきた——われわれの死の迫りくる影の下で。おそらくわれわれは、われわれの価値にまだ愛着を持っていないホモ・サピエンスのためには永遠の生を望むことができるだろうが、それをわれわれ自身のために望むのは合理的だろうか？　われわれが今ここで不死の生の選択肢を与えられるとしてみよう。われわれの想定するところでは、これは**われわれの**価値とは疎遠な生の選択肢である。この生を誰か別人ではなく**われわれが**送ることになる生だとみなせるかどうかという問題は措いても、**われわれの**価値を評価するわれわれは**それ**をどう評価できるだろうか？　この別の、永遠の生をなぜわれわれが評価すべきでないのかと不思議に思うことは、自分が愛する人を、統計上それよりもよいだろうと見込まれる代わりとなぜ取り換えるべきでないのかと不思議に思うようなものだ。」

注意されたい。この思考の道筋によると、われわれが不死だとしたら手に入れられるかもしれない価値が何であれ、それを「人間的」と分類することを否定する必要はないのである。たとえそれらの価値が人間的であっても、それはわれわれが**現実に**愛着を持っている**特定の**人間的な価値ではないとわれわれは考えるかもしれない、というだけのことなのだ。この思考はさらに弱い次のテーゼに基づいている。

N　われわれが不死だとしたら、われわれが今送りつつある生は、**現実にある通りの諸価値**を持ち続けることができない。なぜなら**それらの**価値はわれわれの死を前提しているからである。

Nが擁護可能かどうかは別の問題だが、Bよりはずっと擁護しやすそうだ。そしてこのように主張を弱めてもシェフラーの目的には十分間に合うと思われる。あるいはもっと用心して、誰の「目的」についてもまったく想定しないことにすると、Nがわれわれにとって有する感情的・実践的意義はBとほとんど変わらないかもしれない。というのは、われわれは〈可死性は価値ある生にとって、まして人間的な価値ある生にとって、不可欠である〉という強い結論を強いられることはないが、〈われわれの可死性はわれわれの生がわれわれわれの価値を持つことにとって不可欠である〉という弱い結論は強いられるからである。そしてわれわれの生がわれわれの送るものであり、われわれが現実にわれわれの諸価値を評価していると想定すると、その結果はわれわれにとって全く同一だと思われる。

4 〔われわれが自分自身の生存よりも人類の生存を選ぶ仕方と理由〕

私はシェフラーが第3講における彼の主張についてつけたよりも多くの留保をつける一方で、シェフラーが「後世」の講義で彼の主張についてつけたよりも少ない留保をすることになるのではないかと思う。つまり、私は彼に用意がある以上に彼の結論を推し進めたいのである。

シェフラーは後世の推測がわれわれの利己主義の限界について何を明らかにするかに関する彼の主張を限定する。あるいはその主張の誤解に対して警戒する。彼は次のように言っていると思われる（一二九―一三〇頁）。

O　われわれの心の平静 *equanimity* は自分自身の生存よりも人類の生存に一層多く依存しているが、必ずしもわれわれは自分自身の生存よりも人類の生存の確保に一層動機づけられているわけではない。

Oは「われわれが気にかけると言われうる」二つの仕方としての動機づけ motivation と感情 affect との間の区別を示唆していると理解されるかもしれない。するとその趣旨は、〈後世の推測は、われわれが自分自身の生存よりも人類の生存の確保に**一層動機づけられているということを示さないかもしれない**〉と読者に注意を促すことだということになる。

二つの理由から私はこれをいぶかしく思った。第一に、シェフラー自身の以前の主張――後世はわれわれにとってとても重要であり、そして、われわれにとって重要だということは部分的には動機づけに関する事柄である（四〇―四二頁）、というもの――から多かれ少なかれ直接に、われわれは実際に人類の生存の確保に動機づけられているということが出てくると私には思われる。あるいは少なくとも、もしそうでないとしたらそれは特別の説明を必要とすると思われる。どういうわけで、後世については、重要であるということが動機づけではなくて感情だけに関することになるのか――シェフラーが書いている他のケースでは両者が一緒になっているのに？

第二に、それとは独立に、われわれは適切な条件法的意味において、人類の生存を確保するように実際強く動機づけられていると私には思われる。確かに、われわれは自分自身の生存の確保のためにたくさんのことをしているのに（医者に通うとか、シートベルトを締めるなど)、人類の生存の確保のためにはたくさんのことをしていない。しかしその理由は、われわれが人類の生存が深刻な脅威にさらされているとは考えていない(それはまさに、シェフラーが述べる理由から、その脅威の山なす証拠にもかかわらず、人類絶滅のことを考えるのが恐ろしすぎるからだろう)から、またわれわれが個人としてそのためにできることが少ないから、また他の人々がわれわれのために介入するだろうと期待しているから、またたとえわれわれが今日怠慢でも明日事態を是正する時間は残されているから、等々ではないかと私は疑っている。結果が自分たちにかかっているということをわれわれが知っている明瞭なケースに直面したら、われわれは自分が早死にすれば人類は生き残るとしたらそれを欲するだろう、ということは説得力があると私には思われる。

シェフラーはわれわれに次の二つの選択肢を考慮せよと言う。

選択肢A　私は早死にするが、人類は私の死後長い間生存する。

選択肢B　私は天寿を全うするが、選択肢Aの場合に私は死ぬはずの時に、人類は死滅する。

彼の言うところでは、人は選択肢Aを選ぶために特別に利他主義的である必要はない。

しかしながら、彼はこのケースはわれわれの利己主義の限界について語るよりもわれわれの個人主義の限界、あるいはわれわれが孤独に耐えられる能力の限界について語ると言う。われわれの多くにとって、人類との接触を全く失うのは死よりも悪い不運だろう。そしてこの欠如は、他のあらゆる人が死滅するのではなく、自分が宇宙空間に飛ばされて永遠に一人だけになる場合でさえ、われわれにとって同様に悪いかもしれない。

しかし別の選択を考えてみよう。

選択肢A　私は早死にするが、人類は私の死後長い間生存する。

選択肢C　私は天寿を全うするが、この選択肢の場合に私は死ぬ時に、人類は死滅する。

人はこの場合に選択肢Cよりも選択肢Aを選ぶためにも、特別に利他主義的である必要はない、と私は思う。人は単に、シェフラーの議論が明確化した、〈選択肢Cにおける自分の生は、選択肢Aにおいてそれが持つはずの価値と意味の多くを失うだろう。なぜならその価値と意味は集合的後世に依存しているからである〉という感覚さえ共有すれば足りるのである。

私は「Xを選ぶように動機づけられる」によって「その機会が与えられれば自分がXを選ぶように必ずできる」を意味しているわけではない。自分の生の意味が自分の生の断念に依存しているとしても、随意的にそうする［自殺する］ことは容易でないだろう。それはちょうど、自分の生命が壊疽《えそ》にかかった手足の切断に依存しているとしても随意的にそうするのが容易でないのと同じだ。しかし私はそれが「選ぶように動機づけられる」のここで重要な意味だとは思わない。その代わりに私が意味しているのは——シェフラーの「動機づけ」（四二頁）の用法と調和すると思われるが——〈われわれは、その機会が与えられれば自分がそれを選ぶべき一層強い理由を持っていると（真摯に、特別の議論を必要とせず）考えるだろう〉ということである。そしてわれわれの多くは、たとえ通常の基準ではかなり利己的な人々さえ、自分がそのような理由を持っていると考えるのではないか、と私は疑っている——たとえわれわれが意志の弱さのためにそれらの理由に従わないことがあるかもしれないとしても。

だから私は本当の区別は感情と動機づけを対照させるOではなくて、次のようなものではないかと思う。

P　われわれは自分自身の生存よりも人類の生存を実際に一層気にかけている（感情面だけでなく動機づけの面でも）かもしれないが、われわれがそれを気にかける**根拠**は、認識可能な意味で、**利他的**であるよりも**利己的**である。

つまり、われわれは人類の生存を気にかけているのだが、それは根本的にわれわれが未来の人々自体に私心なき配慮をしているからではなくて、彼らの存在が広義の利己的な配慮の他の多くの対象――**われわれの**活動の価値、**われわれの**単純な快楽享受、等々――の必要条件だからなのである。われわれは未来の人々を「手段」として評価すると述べるのは完全に正しいわけではないが、そう言うことでこの利己主義を明確化しようとすることもできよう。後世の推測は〈未来の人々はわれわれが考えてきたかもしれないよりもずっと不可欠である〉ということを示すだけのことだ。シェフラーが言うように、われわれは自分が実感しているかもしれないよりも未来の人々に依存しているのである。

注

（1） しかしシェフラーが死の恐怖は剥奪に基づいていると示唆しているように見えるときもある。「人々が生きていることを喜び、生き続けたいと思っていると想定すると」（一六三頁）、「われわれの恐怖の強さは、死が終わらせるあらゆる物事の価値へのわれわれの確信の深さの証拠である」（一七五頁）、そしておそらく、「自分の存在の**不本意な**終了」（一六四頁。強調は私）。

（2） Fと後記のJに至る他の形而上学的ルートも示唆されてきた。それは〈人は死という不運が起きる時には存在しない、あるいは少なくともそれを経験しない〉というものである。現代の一例としては、Stephen Rosenbaum, "How to Be Dead and Not Care: A Defense of Epicurus," *American Philosophical Quarterly* 23, no. 2 (1986), 217–25を見よ。(実際この主張は、〈未来の生が悪よりも大きな善を約束していても、人は死を恐れるべき理由を持たない。また死はその人にとって悪くない〉という一層強い主張を支持すると解されることがある。)私はここでそのような主張に依拠していない。

(3) **実際の状況では**、誰も消滅を**避ける**ことができない、と返答されるかもしれない。われわれはそれを**延期する**ことができるだけだ、というのである。そしてわれわれは延期すべき理由を持たないことを恐れる理由をしばしば持っている(たとえば歯科手術はそれがいつ起きても苦痛だろう)が、それに驚くべきことは何もない。しかしわれわれは異なった状況、つまり不運な人が消滅を避けることが**できる**という状況が、少なくとも概念上は可能であると想定している。

(4) シェフラーは〈第二のエピクロス的結論〉の否定が〈第一のエピクロス的結論〉の否定を要請しないかもしれないと述べるとき、ついでにこの可能性を認めている。

(5) 死の剥奪効果をめぐるこの種のパズルも存在する。誕生前の不存在も死後の不存在も人から付加的な生という善を奪うのだとしたら、もっと前に生まれなかったということが、もっと後に死ななかったということほど不運ではないのはなぜか? しかしわれわれは今剥奪を考慮から外している。このパズルを解こうとする試みとして、Thomas Nagel, "Death," in *Mortal Questions* (Cambridge: Cambridge University Press, 1979), 1–10 [『コウモリであるとはどのようなことか』(永井均訳、勁草書房、一九八九年)「死」]; Fred Feldman, "Some Puzzles About the Evil of Death," *The Philosophical Review*, 100 (1991): 205–27; Frederik Kaufman, "Pre-Vital and Post-Mortem Non-Existence," *American Philosophical Quarterly*, 36, no.1 (1999): 1–19; Anthony Brueckner and John

Fischer, "Why Is Death Bad?" *Philosophical Studies* 50 (1986): 213-23を見よ。

(6) 実際シェフラーはこの恐怖の対象を、不存在への「移行」という言い方で特徴づける傾向がある。――「単純に存在をやめること」(一四二頁)、「今や終わる」(一四三頁)、「存在しなくなる」(一六四頁)、「終了」(一六四頁)。

(7) デレク・パーフィットの *Reasons and Persons* (Oxford: Oxford University Press, 1984)〔『理由と人格』(森村進訳、勁草書房、一九九八年)〕67節が述べる「時間的非対称性」――われわれは過去の利己的悪のニュースによるほど動揺することがないということ――が、主張1を支持するエラー理論として持ち出されるかもしれない。それはJを受け入れようとさせるプレッシャーの一つの源を緩和するだろう。誕生以前の不存在がわれわれにとって全然悪でないのは、それが過去に存するからにすぎないと思われる、とエラー理論は言うだろう。しかしそれだからといって、Kの奇妙さが少なくなるわけではない。われわれは自分が恐れる未来の出来事や状態の、過去における等価物のことを実際に通常不安とともに考えるが、なぜわれわれは自分の死後の不存在を恐れるのに、過去におけるその等価物である誕生前の不存在を恐怖とともに考えないのだろうか?

(8) 実際、「人間的な」という限定はシェフラーの議論を通じて現われている。

コメントへのリプライ

死と価値と後世――回答

サミュエル・シェフラー

自分の書いたものがこれほど立派な哲学者のグループからこれほど入念な注意を受けるということは、たぐい稀な特権である。私は四人の討論者の全員に、彼らの寛大な所見と賢明な批評について感謝する。私はここで彼らが提起した論点のすべてを正当に扱うことができないが、彼らの主要な批判に応答し、それらの批判が与えてくれた機会を利用して、講義の中のいくつかのテーマを明確化し拡張してみたい。批判者に応答するという企ての性質上、どうしても何らかの防御的態度が避けられないことを私は恐れる。それは特に今回残念なことだ。なぜならあまりにも明らかなことだが、私の講義は入念に作り上げた理論を展開するものでもなければ、その論点について最終的なことを言おうともくろんだものでもないからである。この講義は探索的かつ思弁的だから、私は特に討論者が進んでこの講義の精神に加わり、私が提起した論点と問題について彼ら自身の考えを示してくれたことに感謝している。彼らの数多い鋭利な観察と洞察はそれらの論点に関するさらなる検討の方向を指し示すものである。

利己主義の限界

スーザン・ウルフは、後世の推測がもし真だとしてもそれがわれわれの利己主義の限界について有意義なことを言えるとは考えない。彼女の懐疑論について考える際には、〈ある人を利己主義者と呼ぶことによって意味しうる複数の異なる事柄があり、またそれに対応して、利己主義の限界について語る際に意味しうる複数の異なる事柄がある〉ということを念頭に置くのが重要である。たとえば、ある人が利己主義者であると言うことにおいて、人はその人物の目標・目的・熱望の内容について何かを述べているのかもしれない。大まかに言えば、〈その人物の目的は、自分自身あるいは自分の満足にほとんど集中している〉ということを意味しているのかもしれない。ある人が利己主義者だと言うことにおいて人が意味しているかもしれない別のこと、これも大まかに言えば、〈その人の感情は、他の人々に起きることから直接影響を受けることが全然あるいはめったにない〉ということかもしれない。その人は他の人々に起きることに単純に関心がないのだ。ここで問題になっているのは、利己主義者の目的の内容ではなくて、彼が他の人々の善悪の命運に影響を受けるか否かである。

私がわれわれの利己主義の限界について語った時、私が念頭に置いていたのはこの両者のうち後者の方だった。私が言いたかったのは、〈ドゥームズデイと不妊のシナリオを考えると、われわれは自分が実感していたかもしれない以上に、他の人々の不幸について傷つきやすいことが示される〉ということだった。だからウルフが〈われわれにとって生粋の利己主義者と映る人々さえも、両者のシナリオのいずれかに直面したら自分の活動への関心を失うかもしれない〉ととりあえず示唆するとき、私はこの推測が私の立場を支持すると理解する。しかし彼女は、〈このことは彼らや彼らの利益が最初思われたほど利己的でなかったということを示すわけではない〉と言う。私は、彼らが私のあげた二つの意味の前者においてそれほど利己的でなかったということは示されない、ということに賛成する。ウルフのあげる生粋の利己主義者の一人が不妊のシナリオに直面すると自分の活動への関心を失うと仮定しても、それだからといって、彼の現在のプロジェクトがその内容においてそれほど利己的ではなかったということになるわけではない。それでもそれは、彼が私のあげた後者の意味で利己的である程度についてはいくらかのことを示す。それは、彼の動機づけの強さと性質、何が価値ある行動であるかに関する彼の感情と信念の内容、自分自身のプロジェクトに熱情を持って取り組む能力などがすべて、自分と自分に近しい人々以外の人々、あるいは可能な人々の命運に高度に感応する、ということを意味するのだ。生粋の利己主義者といえども未来の人々の不存在には意気消沈し、それどころか打ちひしがれるだろう。この事実は、彼らが予期せざる仕方で他の人々に依存し傷つきやすかったということを意味する。そして私は、このような依存性と傷つきやすさは彼らの——そしてわれわれの——利己主義の性質だけでなく、その利己主義の限界についても重要なことを示すと考える——彼らの現在のプロジェクトと目的の内容は、明らかな点においてやはり利己的であるにしても。

しかしわれわれが他の人々に依存し傷つきやすいという事実自体が、未来の人々の存在へのわれわれの配慮が、ある意味では利己的だということを示しているのではないか？ハリー・フランクファートはこのように考えて、〈ドゥームズデイと不妊のシナリオへのわれわれの反応が、われわれのそのような傷つきやすさの程度を明らかにしているとしても、その反応に何も利他的なところはない〉と論ずる。その反応が明らかにしているのは、むしろ未来の人々の存在がわれわれ自身の利益に役立っている程度である、というのである。

他の人々の命運について感情的に傷つきやすくないという意味で理解された利己主義は、本人の目的と目標の内容に関する利己主義からだけでなく、動機づけの特徴としての利己主義からも区別される。最後の意味の利己主義は大まかには、自分自身の生存と福利の確保への圧倒的決意を含んでいる。私は「後世」の中で〈後世の推測はわれわれの利己主義の限界を明らかにする〉という主張を解釈する二つの異なる方法を提案した時、この後者の区別［第二と第三の利己主義間の区別］に注意を促した。第一の解釈によれば、その主張は〈われわれは自分たちがしばしば考えているよりも他の人々に依存している――特に、価値ある生を送るわれわれの能力との関係で〉というものであり、第二の解釈によれば〈われわれは自分自身の生存よりも他の人々の生存の確保の方に強く動機づけられている〉というものである。私は自分が両者のうち前者の主張だけを行っていると強調した。私はまた、〈私見によればわれわれはある文脈において自分自身の生存よりも他の人々の生存の確保の方に強く動機づけられているかもしれないが、その動機の理由は特別利他的ではない〉とも言った。しかしフランクファートの示唆は実質的には、〈［第一の解釈が言うように］われわれが他の人々に依存していること自体が利己的な基礎を持っている〉というものである。ニコ・コロドニもこれに賛成する。コロドニは一方において、私は第二の動機づけに関する主張をする際にもっと先まで行くべきだったと考えている。われわれは「適切な条件法的意味において、人類の生存を確保するように実際強く動機づけられている」（二六八頁）、と彼は信じる。彼はわれわれが現状においてこの動機づけによって行動することがあまり多くないように見えるのはなぜかについていくつかの興味深い推測を行い、〈人類の未来へのわれわれの配慮は単に感情的なものではなく動機づけも伴っている〉と考えるべき強い理由を与える。だがコロドニは他方において、フランクファートと同じように、私自身の議論は〈この配慮の根拠は、理解できる意味において、利他的というよりも利己的である〉ということを明らかにしているとも考えている。結局のところ、われわれが人類の生存に配慮するのは、未来の人々の存在が、**われわれが**価値ある生を送るための必要条件だからである。だからわれわれが未来の人々に依存しているという事実は、ある意味ではわれわれの利己主義の限界を明らかにしているが、別の意味ではわれわれの利己主義の範囲を明らかにしている。つまり、われわれは**自分が**価値ある生を送るために彼らに依存している、というわけである。

私はこの点について実質的にあまり意見を異にしない。実際、われわれがどれほど多く他の人々の生存に依存しているかを強調することが私の意図だった。しかし私はこの点を論ずるとき「利己主義」という言葉を用いることが特別役立つとは思わない。この言葉は、われわれの生が他の人々の生とどのように結びつき、われわれの態度と動機づけが他の人々の命運によってどのような影響を受けるかを理解するのに役立たず、かえって理解を阻害しかねない。未来の人々の存在がわれわれにとってどのような仕方で重要であるのか、またわれわれが人類の生存にどのようにして依存しているのか——一たびわれわれがそれに注意を向けたならば、これらの物事を利己主義の表われとして述べることは何をつけ加えることもなく、誤解を招きかねないだけだ。一つのアナロジーを考えてみよう。ある人が愛する人の死を悼むとき、その人の悲しみが大部分、**自分自身**が失ったものへの反応だとしても、われわれはその哀惜の念を利己的だとは言わない。むろんわれわれはこの反応を利他的だとも言わない。重要なのはむしろ、われわれはここで利己主義・利他主義という語彙に全然頼らない、ということだ。一般的に言って、そのような語彙は、人々が他の人々と彼らの命運にどれほどかかわり合い、それに依存して傷つきやすいかを表す反応の態度を述べるためには役立たないのである。

だがそれなら私は自分でも「利己主義」という言葉の使用を差し控えるべきではなかったか？　われわれが他の人々に依存しているということを利己主義の**表われ**として述べることがミスリーディングだとしたら、私がしたように、その依存がわれわれの利己主義の**限界**を明らかにすると主張することもまたミスリーディングではないか？　これはもっともな疑問だ。私が「後世」を書いた時、〈ドゥームズデイと不妊のシナリオに対するわれわれの反応はわれわれの利己主義の限界を明らかにしている〉と述べることは自然だと私には思われた。私はそこでは「利己主義」という言葉で、他の人々の命運に傷つかないことと自己充足性を念頭に置いていた。そして私は白状するが、そのように述べる方が、われわれ自身が他の人々に依存しているということ自体を利己主義の表われとして述べるよりも自然だと、今でも私には思われる(1)。しかし重要なことは言葉ではない。結局のところ重要なのは、まだ存在しない未来の人々を含む他の人々にわれわれが依存している、その多様で複雑な仕方を理解することにほかならない。

後世の推測

後世の推測がもし真だとしても、それがわれわれの利己主義の限界について何か有意義なことを示すことはないのではないか？　コメンテイターたちのこの疑念を私は論じてきた。フランクファートもウルフも、後世の推測が真であるか自体についても強い留保を表明するが、二人のいずれもこの推測をはっきりとは斥けず、それは少なくとも部分的には正しいと考えているようだ。二人の疑念の一部は、人類の絶滅が差し迫ると危機に瀕することになる活動の範囲に関わる。二人はそれぞれドゥームズデイと不妊の状況の下でも価値を持ち続けると思われる活動の例をあげる。私は彼らがあげる例のすべてに説得されるわけではないが、われわれが基本的な論点についてどのくらい意見を異にしているのか確信を持てない。一方において、私はわれわれにとって重要性を失わないものがあるだろうということに賛成するし、また他方において、フランクファートもウルフも、われわれにとって重要性を失ったり重要性が小さくなったりするものがあるだろうということに賛成しているからだ。(2)　そして私の目的にとってはそれで実際に十分である。

ウルフは時として私に極端に強い主張を帰する。もしわれわれが後世を信じなくなれば、物事が重要だという観念自体が失われる、というのだ。明らかに彼女は私の「物事が重要であるという発想そのものがわれわれの概念のレパートリーの中で確固たる位置を持ち続けるためには、人類が未来を持つことがわれわれにとって必要である」（一〇七頁。ウルフ一九七頁）というコメントをこのように解釈している。だからウルフはドゥームズデイと不妊の状況の下でもわれわれにとって重要さを失わない活動の例をあげるのに加えて、物事が重要であるという観念それ自体が失われるだろうという強い主張にも反論する。しかし私は自分が言ったことしか意味していなかった。普遍的な不妊の結果として人類絶滅が差し迫っているという見込みに直面したら、それまでわれわれにとって重要だった物事の多くが重要でなくなり、あるものが**重要である**という概念をわれわれが自信をもって使うことは不安定になるだろう、というのである。このことは、何もわれわれにとって重要でなくなるとか、その概念が単純に消滅するといったことを意味していない。しかしそれは、われわれがこの概念を自信をもって無反省に用いる能力が弱まるだろう、われわれにとって価値があると思われた活動の範囲が大幅に狭まるだろう、ということを意味している。われわれにとって価値の領域は劇的に縮小され、その結果われわれの生は貧しいものになるだろう。これが中心的な論点であって、フランクファートもウルフもそれを明らかに斥けてはいない。

われわれにとって重要性が失われない例としてフランクファートとウルフがあげるものがかりに説得的だとしても、この論点は掘り崩されない。だが私はそれらの例自体に説得されない。あるいは少なくともすべてには説得されない。その理由を説明することには価値があるだろう。フランクファートは〈音楽を聴くことはドゥームズデイや不妊の状況の下でもわれわれにとって重要であることをやめない。なぜならその価値の多くは音楽それ自体に内在する特徴から来ているからである〉と信じている。彼が言うには、われわれが音楽から価値を得るためには人類の未来についていかなる想定を行う必要もないというのである。しかしこの推論は決定的でない。われわれが音楽を聴くことから得る喜びは、素朴な感覚の集合だけに存するのではなく、もっと複雑な心理状態を含んでいて、その状態は世界に関するわれわれの背景的な態度と信念における変化に、いつも明白とは言えないような仕方で、反応している。どんな時でもわれわれの音楽鑑賞が不安や焦燥や心配事によって害されることがあるということは、身近な事実である。P・D・ジェイムズの興味深い推測は、〈内在的な特徴からわれわれにとっての重要性が生ずるように思われる多くの活動も、不妊のシナリオの下ではその魅力の多くを失うかもしれない〉というものだった。そのため読書や食事やワインや自然観賞や音楽鑑賞の喜びは、セオ・ファロンにとって以前ほど楽しくなくなったという事実には意味がある。これらの活動から得られる喜びの多くは未来の出来事に関するわれわれの信念から独立しているように見えるのだが、ジェイムズの考えるところでは、人類の死滅をわれわれが信ずると、それはわれわれがそれらの喜びに至ることを妨げ、そのアクセスを難しくしてしまうらしい。私はジェイムズがこの点について正しいという確信を持たないが、間違っているという確信は一層持たない。(3)

フランクファートはまた、〈ドゥームズデイや不妊のシナリオの下でも知的・芸術的活動はその魅力の多くを保持するだろう〉と信じている。私はこれと対立する立場の例証として、政治哲学者が自由と平等の関係について、あるいはロールズの格差原理の解釈について、これ以上論文を書くことの価値への信頼を失うかもしれないと示唆した。だがフランクファートは、それらの例がもっともらしく思われるのは、そこでは「政治理論の中のすでに研究が多すぎる領域」(二一三頁)が問題になっていて、論文を書くという活動がそれ自体としては満足をもたらさないからにすぎない、と論ずる。だが私は論文執筆が満足をもたらさないとは思わない。また私が言おうとしたことは、政治理論の中のすでに研究が多すぎる領域にも、他のいかなる領域にも、限定されるものではない。実際私は、研究が多すぎようが少なすぎようが、政治哲学上の多くの領域は、人類の絶滅が差し迫っているとしたら真剣な研究に値すると考えるのは難しいと思う。言語哲学や社会学や経済学や文学理論の多くの領域も同様だ。おそらく物理学や数学の最も理論的な部分の研究のような例外があるだろうが、そこでも私ははっきりとした区別ができないと思うし、いずれにせよ知的・芸術的活動の多くはその魅力の多くを失うだろうと確信している。

スーザン・ウルフが示唆するように、その理由は、そのような活動に従事する人々が〈自分の仕事はその領域における将来の発展に影響を及ぼすだろう〉と信ずる必要があったり、通常現実に信じたりしているからではない。それはむしろ、学問的・創造的活動の多くの意義が、自分自身を時間的に延長された集合的プロジェクトの参加者として見ることにあると考えられているからである。私が学問的活動に認める意義あるいは価値は、〈私は、何千年間続いてきた、そしてこれからも長い間続くと期待している、時間的に延長された大きな実践の一部である〉という考えと切り離せない。もし私が、自分はここに座って自分のつまらない本や論文を書いているだけで、もはや人類の会話と創造という有意義な連鎖に参加していないという見通しに突然直面したら、私はその意味はどこにあるのかと自問することになる。そしてこの事情はある意味で励みになる。それは、ドゥームズデイでない通常の状況下では、ごくささやかな学問的・創造的努力さえも、その個人的な利益や因果的影響から独立した意義あるいは価値を持ちうるということを意味するからだ。その価値は価値ある共同的プロジェクトに参加することの価値で、それは人がそのプロジェクトの性質に目に見えるような影響を及ぼせるか否かとは無関係である。またそれが確かに大部分の著作者や芸術家が信じていること、あるいは真であると望んでいることである。

ウルフは、ドゥームズデイや不妊の状況下で魅力を一番保持しそうな種類の活動は他の人々のケアと慰安に向けられる活動だと信じている(4)。人々は死を迎えている人々や窮乏にある人々への慰安とケアを与え続けるだけでなく、同じ配慮を一般的に相互に拡張するかもしれない。他の人々へのケアの衝動が不妊のシナリオに対する多くの人々の反応の顕著な特徴になるだろうという点で彼女は正しいと私は確信する。だがむろんこれは、私の主たる推測が正しいことを前提していて、その推測はすなわち、〈不妊のシナリオは破局であるとみなされる。そして幸福な状況下では価値があるように思われた活動の多くはその魅力の多くを失うだろう〉というものである。さらに、通常の状況下でしばしば心の安らぐことは、生命が継続し価値ある世界が繁栄を続けるという認識にほかならない。人はたとえ今重病だったり貧乏だったりしても、その世界と一緒になろうとするかもしれないし、それがその人に慰めを与えるかもしれない。そして老人や死を迎えつつある人々にとっても、生命が続くだろうという思いは大きな慰めになりうる。若い人々——おそらく孫を含む——との接触はしばしば特別の喜びである。これはすべて不妊のシナリオでは存在しない。

それでも多くの人々は互いを慰めようとする衝動を持つだろうということはありそうだから、そう想像しよう。だが彼らはどのようにして互いを慰めようとするのだろうか？ウルフは「われわれは音楽と演劇を創造し演じ、庭園に植物を植え、ディスカッション・グループを開き、書物や注釈を書くことができよう」（一九五—一九六頁）と書いているが、私はそれについて三つの懸念を持つ。第一に、ウルフがあげる例は人々が不妊のシナリオの世界の下で参加しようという気になる、互いを慰める集合的活動の代表例であって、そのすべてを網羅するものではない。しかし私が彼女の例のリストを拡張して、人々が通常の状況下で楽しみ価値を見出す広範な集団活動も含めようとすると、すぐ次の困難に突き当たる。人々がそのような活動に参加するためには、それらの活動を支援し、人々が一般的なニーズを満たすのを可能にするような経済が機能していなければならない。一例をあげれば、結局のところ、農場に住んでいない人々が略奪をせずに生きていくためには、誰かが不妊の世界で食料供給を維持しなければならないのだ。だがここで問題になる点の一つは、人々が不妊のシナリオの下でも経済システム内における自分の以前の役割を果たそうという気になるか否かである。すると懸念されるのは、ウルフがあげる慰安の諸活動の存続可能性自体が、私の推測とは反対に〈不妊のシナリオの下でも、大部分の人々は通常通り社会の分業に参加する気になるだろう〉と前提している、ということだ。第二に、たとえ以上の懸念を別にしても、私はウルフが念頭に置いている諸活動が不妊の状況下でも本当に人々に訴えかける程度について確信が持てない。たとえば、多くの人々が互いを慰める手段として書物や劇や注釈を書く気になるとは私には信じがたい。最後に、人々が慰安を見出す共通の諸活動がたとえ存在するとしても、私がすでに述べた根本的な点はやはり変わらない。不妊の状況下では、われわれにとって価値があると思われた活動の範囲は根本的に限定されるだろうし、価値の領域は大幅に縮小されるだろうし、その結果われわれの生は深刻に貧しくなるだろう。

ウルフは〈われわれはケア活動に関わることで、不妊のシナリオが当初もたらす不安定化の影響の一部を克服して、われわれが以前評価していた諸活動の一層多くに再び携われるようになるかもしれない〉と示唆する。だからわれわれがそれらの活動の価値への確信を失うのは一時的なことにすぎないかもしれない、というのだ。すでに述べた理由から、私はこれが一般的にもっともらしいとは思わない。しかし私は、不妊の世界でも人々にとって重要性を持ち続ける物事はあり、その中で単純に絶望に陥らず、残った限られた活動の範囲から得られる限りの価値を引き出し続ける人々には特別に感嘆すべきものがある、ということには賛成する。フランクファートは人々が不妊のシナリオに反応する仕方には疑いもなく相違があるだろうと述べた後で、その条件下にある人々の反応と自分に残された個人的な余命がいくばくもない知った人々の反応との間にアナロジーを行う。彼らの中には絶望する人もいれば、「自分に残された時間を最大限活用して、自分にとって価値があり重要であることの享受に身を捧げる人もいる」(二一六頁)。「後世」について私と議論をした多くの人が同じアナロジーを示唆してきた。彼らの多くはさらに、末期の診断を受けた人々の中には、最初打ちひしがれて意気消沈したがその後気を取り直して、自分に残された時間を最大に活用しようと決心する人もいる、と指摘した。このアナロジーをこのように拡張すると、不妊のシナリオ下の人々の確信喪失は一時的なものにすぎないかもしれないというウルフの結論への別のルートが開かれる。

しかしながら私はこのアナロジーが強力だとは思わない。人々は通常の状況で末期の診断を受けるとき、価値が乏しい活動に時間を浪費せず、それまで無視してきたかもしれない価値ある活動に可能な限りの時間をあてるように決心することがよくある。しかしながら彼らにとってそれが可能であるのは、私が主張してきたように、生命は続き、価値ある世界は繁栄を続けると彼らが認識しているからにほかならない。彼らにとって痛ましいのは、これまでと同様に豊かであるだろう世界から彼らがすぐ別れなければならないという実感だ。彼らが直面する問題は、価値のある世界それ自体が断絶や侵食を迎えるということではない。しかしもし私が間違っていなければ、それがまさに不妊のシナリオの中にある人々にとっての世界である。彼らが直面する問題は〈価値ある活動の供給は減少しないが、それに従事できる時間は限られている〉ということではなくて、〈そもそも従事する価値がある活動がほとんど存在しない〉ということだ。価値のある世界自体が手の中の砂のように滑り落ちていくのである。

アルヴィ・シンガー問題

われわれのほとんどすべては人類がいつかは死に絶えるだろうと信じているが、だからといって自分が今従事している活動の価値への信頼が掘り崩されることはない。しかしながら後世の推測によれば、もしわれわれが人類絶滅が差し迫っていると考えたら、そのためにわれわれはそれらの活動の多くの価値への信頼を失うはずである。われわれはこの両者の反応の相違をどう説明すべきだろうか？　これをアルヴィ・シンガー問題と呼ぶことができる。

この問題に対する一つの解答は、〈両者のケースに同じように反応すべき理性的な圧力があって、その反応は、われわれの活動の価値への信頼の喪失である〉というものだ。これはアルヴィ・シンガーの解答と考えられよう。別の解答は、〈両者のケースに同じように反応すべき理性的な圧力がある〉ということには賛成するが、〈その反応は、いずれのケースでもわれわれの活動の価値への信頼を維持することである〉と断言するものだ。

第三の解答は、〈両者のケースに同じように反応すべき理性的な圧力は存在しない〉とするものだ。この解答によると、われわれが遠い未来の人類絶滅の見込みに対して、差し迫った絶滅の見込みに対するのと違う仕方で反応するのには十分な理由があるかもしれない。たとえばおそらく、人類の最終的な絶滅が、人類が最も価値ある諸目的のすべてを達成し最も価値ある諸理想のすべてを実現するまでは起きないとしたら、人類絶滅を恐れる必要はないだろう。あるいはまた、人類絶滅の見込みが極めて遠い将来なので、それを回避する方法を発見するための知識と、おそらくはもっと知性ある子孫が生まれる時間があるとしてもそうだろう。

私は第2講で第四の解答に触れた。この解答は〈遠い将来の人類絶滅の見込みに対するわれわれの反応（あるいはその欠如）は、われわれの評価的信念について信頼できるガイドではない〉というものだ。それが信頼できないのはなぜかというと、われわれがその見込みを考慮するためにはある時間のパースペクティヴを採用しなければならないが、その巨大な尺度はあまりにもなじみがないものなので、自信をもって判断する根拠がわれわれの経験の中に存在しないからである。だから両者のケースにおけるわれわれの反応を比較すること自体が間違っている。

私はこの最後の解答を示唆したが、それが正しいという確信を持てないし、アルヴィ・シンガー問題への解法を持っているとも主張しない。ウルフは第二の解答に説得力を感じているが、私はそれが他の解答よりももっともらしいとは思わない。私が実際に知っているのは、私は後世の推測が人々の反応に関する経験的予言として説得的だと思っている、ということだ。さらに規範的な事柄として、私は〈人々が後世の推測の予言する仕方で反応するとしたら、彼らは一般的あるいは体系的な誤りを犯していることになる〉と考えていない。むろんこのことは、〈特定の個人がドゥームズデイあるいは不妊の状況の下で、ある活動は追求する価値があるとかないとか考える際に誤りを犯す可能性がある〉と認めることと両立する。またそれは、〈絶望に屈せず、追求する価値を持ち続ける諸活動の限られた範囲の中から可能な限り大きな価値を引き出そうとする人々には、特に感嘆すべきものがある〉という私の以前の観察とも両立する。

今とその時

フランクファートは〈もしわれわれが、未来に人々が存在しないというのではなしに、われわれの同時代人が存在せず自分が現在世界に一人きりだと考えるに至っても、われわれは自分の活動の多くの価値への確信を失うかもしれない〉という推測を行う。私も賛成だ。実際のところ、私はフランクファート以上に、人が同時代人の存在しないところで意義ある生を送ることは難しいと考える。しかしそれは、〈われわれの確信は後世の存在の信念に依存していない〉ということを意味するわけではない。不妊のシナリオにおいては、人々は同時代人を持っているが、私が信じていてフランクファーも少なくとも部分的には信じているらしいように、それでも彼らは多くの活動の価値への信頼を失うことになる。現在に関する推測と未来に関する推測というこれら二つの推測は相互に排他的なものではなく、補い合うものだ。フランクファートが言うように、両者はともにわれわれの個人主義の限界の症候である。だが彼はまた、〈後世の存在への信頼はわれわれの根本的な関心の基礎ではない〉とも示唆する。われわれが価値ある生を送るために最も根本的に必要とするもの、それはわれわれのことを何らかの仕方で知っているわれわれ以外の人々――今存在する人々であれ、未来に存在する人々であれ――の存在である、というのだ。しかしながら不妊のシナリオにおいて人々は互いのことを知っているから、そのような意識が欠けているということでは、彼らがなぜ活動の価値への信頼を失うかを説明できない。そして私が第1講で強調したように、多くの人にとっては自分の死後もいくらかの間記憶されているということが重要だとしても、これもまた差し迫った人類絶滅の見込みがもたらす信頼喪失を説明できない。人々は、次の世代の誰一人として自分のことを個人的に記憶していないだろうということを、迫りくる破局について知る前から確信していたとしても、やはり同じ信頼喪失に襲われるだろうからだ。

保守主義と人類

シーナ・シフリンの感受性と洞察力のあるコメントはいくつかの魅力的な論点を提起する。その第一は、われわれが評価するものに対するわれわれの態度の**保守的次元**と私が呼んだものに関係する。それについて私の取り扱いは簡単なものだった。十分な取り扱いのためにはもっと大幅な洗練が必要だろう。一点をあげれば、シフリンは〈われわれは自分が評価する特定のものがいつまでも保存されることを望まないケースがある〉と指摘し、その例として、特定の音楽演奏、会話、食事をあげる。彼女の示唆によれば、これらの物事のいくつかについては、それらの価値はそれらが実例となるタイプの価値から来ていて、われわれはそのタイプの実例が生じ続けることは望むが、タイプの実例がいつまでも継続することは望まないと言う方が説得的なようなのである。

しかし注意に値することだが、われわれが評価はするが保存を望まない特定の物事としてシフリンがあげる一番わかりやすい例は、すべて食事とか演奏といった**出来事**である。そしてこれらのケースで重要なのは、彼女も言うように、〈われわれは価値ある物事の保存に抵抗する〉ということよりも、〈その価値ある物事は延長されることで保存できるようなものではない〉ということだ。時間的延長はその対象を価値あるものとして保存するのではなく、むしろそれを一層価値の少ないものに変えてしまうのである。さらに他のケースでは、われわれは自分の評価する特定の物事がいつまでも保存されることを望む。たとえば名画とか自然環境の特徴のような特定の対象に対するわれわれの態度についてはそのことが言えそうだ。またそれは友情やその他の密接な人間関係に対するわれわれの態度についても言えそうである。われわれは自分たちの友情を評価する限り、その保全あるいは維持を通常望む。この点で友情は食事や会話よりも絵に似ている。それから個人的プロジェクトのケースもある。一方において、私が評価するがいつまでも続くことを望まないプロジェクトがある。私は家を建てるというプロジェクトを評価するかもしれないが、それが永遠に続くことは望まない。だが他方で、庭を管理するとかレッドウッドの森を保全するといった、もっと開かれた目的を持つプロジェクトもある。場合によっては、われわれが個人的プロジェクトをいつまでも維持したいと思うか否かは、そのプロジェクトをどのように記述するかに依存している。実験をしている科学者は、特定の実験がいつまでも続くことを望まなくても、自分の実験計画をいつまでも続けて、自分にできる限り科学的知識の成長に貢献したいと望むかもしれない。

だから価値に関するわれわれの保守主義は複雑であり、われわれの保守的態度の対象と性質を特定する際には注意が必要だ。それに加えて、シフリンも言っているように、われわれの保守主義とわれわれが持っている他の態度との共存関係は不安定である。特に、新たな活動の実践と形態を発展させることで自分の創造性を発揮しようという強い関心との関係は不安定だ。実際われわれの保守主義でさえ、それをもっぱら静態的なものとして特徴づけることはできない。変化する環境の中で価値ある制度を保全するためには、制度それ自体が変化する必要があるかもしれないからだ(5)。ここで意味がある保守主義は現状を保存するということではない。だがさらに、シフリンが強調するように、保守主義はいつでもすべてを考慮した結果可能なスタンスだというわけではない。価値ある実践や伝統もいつかは新しいもののために道を譲らなければならないかもしれない——多様な価値の実現のために利用できる社会的スペースは限られているし、われわれの生活の中で価値あるもののすべてを同時に実現する余地はありえないということを考えれば。シフリンの示唆するところでは、われわれはある点では保守的かもしれないが、われわれは評価されている実践が消滅して新しい実践に道を譲ることを喜ばないまでも受け入れることができる――前者の実践が十分な理由があって取って代わられるとしたら。われわれの保守主義を適切に特徴づけるためには、この点に関する限定を含めなければならない。

シフリンはこれらの考慮から、たとえわれわれの保守的態度がしかるべき仕方で限定されて特徴づけられたとしても、それは不妊のシナリオに対するわれわれの反応の強さを十分に説明できないのではないかと疑うことになる。不妊のシナリオがそれほど心をかき乱すのは、〈われわれの価値ある実践のすべてが終わりを迎える〉という見込みからだけではありえない。なぜならもしそれらの実践が、十分な理由があって発展してきて何らかの種類の真正な価値を経験あるいは実現する他の実践によって取って代わられるとしたら、その見込みは耐えられるものだからだ。不妊のシナリオについてそれほど心をかき乱すのは、われわれの実践が「いかなる十分な正当化理由もなしに」(二三八頁)終わるということである、と彼女は推測する。これをもっと肯定的に言うと、不妊のシナリオに対するわれわれの反応が示すのは、〈われわれは今評価している諸慣行の継続ではなく、評価するという抽象的な活動の継続を重視している〉ということなのである。

私はシフリンの洞察力ある示唆をおおむね好意的に見るが、一つの点についてははっきりさせる必要がある。私は〈自分が評価する特定の物事に関するわれわれの保守主義が、不妊のシナリオに対するわれわれの予言される反応の一次的説明を与える〉とは信じていない。だから私はシフリンが考えているほど保守主義テーゼに重みを与えているわけではないのだ。私は〈われわれの反応は、われわれの評価の態度の非体験主義的次元と非帰結主義的次元だけでなく、保守的次元も明らかにする〉とは信じているが、私の主たる論点は〈その反応はもっと深いもの、すなわちわれわれが人類の生存それ自体に与える重要性をも明らかにする〉というものだった。別の言い方をすれば、私の推測は〈もしわれわれが不妊のシナリオに現実に直面したら、われわれの反応は、われわれが評価してきた特定の実践が終わることになるという見込みに対する当惑だけには限られないだろう〉というものだった。その反応の中にはまた、それらの実践が死に絶える前でさえ、それに従事し続けることの価値への確信の喪失も含まれるだろう。そして私は、〈われわれが予言されるように確信を喪失するだろうという事実は、われわれにとって今ここで重要なことは人類が生き続けるだろうという想定に暗黙のうちに依存しているということを明らかにする〉と論じた。

むろんわれわれは〈人類のいかなる特徴が、人類の差し迫った絶滅の見込みがもたらす評価的確信の喪失の原因になるのだろうか?〉と問うことができる。それは実質的には〈人類それ自体のいかなる特徴をわれわれは評価するのか?〉という問いだ。シフリンがカント的な精神で〈評価活動に従事するという人間の一般的な能力、そして理由に応えるというさらに一般的な能力が、この問いに対するいかなる適切な答の中でも重要な地位を占めているに違いない〉と示唆するのは正しいと私は確信する。しかし私は、これらの能力だけで完全な答になると納得してはいない。私はこれについて確固たる信念を持っていないが、私の感じでは、われわれは人間独自の性質にシフリンが想定するよりも大きな愛着を持っている。私がそう感ずるのは、部分的には私がシフリンよりも歴史は重要だと考えているからであり、部分的には生物学［的性質］は重要だと考えているからでもある。もし人類が滅亡して、理性的で評価を行う別種の生物に取って代わられるとしたら、そしてこの人間以後の生物がわれわれのことを理解力をもって記憶するが彼ら自身の諸価値を持っているとしたら、それは理由に基づく評価の思考と実践が世界から全く消滅するという選択肢よりもましかもしれないということに私は賛成するが、やはりそれは大きな損失だと考える。われわれは自分たちを、いわば理性的行為能力と評価する態度とが例化されるinstantiatedフォーマットにすぎないとみなしてはいない——もしそうだとしたら、ちょうどLPがコンパクトディスクに取って代わられたときのように（そのとき損失はあったが）、そのようなフォーマットが他のフォーマットに取って代わられても重要な損失はないのだが。

たとえば、われわれの価値と活動の多くの内容と表現形態を決定するにあたって人間独自の身体が果たしている役割を考えてみよう。これは特に芸術について明白だ——その中には明らかに絵画、彫刻、ダンス、音楽が含まれるし、明白さはほんの少しだけ劣るが、文学、演劇、詩歌も含まれる。だが他の多くの価値や価値ある活動についてもこれは真である。たとえばわれわれがセックスやスポーツや遊びや子育てや食事に認める価値を考えるがよい。われわれの道徳的価値の多数さえ、われわれの生物学的・生理的性質によって形成されている——すなわち、正常な寿命と、正常な一生の段階と、特定の能力と傷つきやすさと、快苦への感受性と、物質的資源の必要性などに関する、われわれの感じ方によって。私の思うに、われわれの価値の中でわれわれの生物学的性質から単純に分離できるものはほとんど存在しないし、その多くは特定の歴史的・社会的文脈の中でしか意味を持たない。だから私は人間的なものにシフリンが持つ以上の愛着を持っていて、人間特有の生命の消滅はシフリンが信ずるよりも深刻なインパクトを持つのではないかと思う。たとえば、人間とは根本的に異なる歴史と物質的組成を持った理性的な生物——宇宙空間からやってきて、地球には存在しない元素からできていて、われわれには醜悪に見える姿であるとしてみよう——がわれわれに取って代わると想像しよう。もしこの生物が理由を認識し、われわれとその歴史について知り、われわれの諸価値を理解し、真正な諸価値を持つが、それはわれわれの価値とは極めて違った、彼らの性質と歴史に合った価値だとしたら——すでに述べたように、私はそれは無よりもましかもしれないと思うが、私はシフリンと違って、人類の終焉はやはり深刻に心をかき乱すことになると考える。

このことは私が中間の立場にひかれるということを意味する。不妊のシナリオに対するわれわれの当惑は、われわれが今評価している特定のプロジェクトと実践が消滅するという見込みだけから来るのではない。この点で私はシフリンに賛成するが、私はそれが理由に基づく実践と評価一般が消滅するという見込みだけから来るとも思わない。一方において、われわれの現在の諸活動へのわれわれの確信は、〈未来の人々の価値はある重要な点においてわれわれ自身の価値とは異なるに違いない〉という認識によって危機に陥ることがないだろう。だが他方において、不妊のシナリオの場合、その確信は〈人間以外の生物がわれわれに取って代わり、何らかの種類の理性的な評価活動を行うだろう〉という認識によって保障されることもないだろう。むろん、前者のケースにおいて、未来の人々と彼らの価値が徹底的にどうにもならないほど堕落しているだろうとわれわれが考えるならば事情は別かもしれないし、後者のケースにおいても、われわれの人間でない後継者と彼らの価値がわれわれととてもよく似ていたら事情は別かもしれない。だがそれは基本的な論点を変えるものではない。

ルクレティウスは個人のレベルで誕生以前の不存在と死後の不存在に対するわれわれの態度には非対称性があると指摘したが、同じような非対称性が集団のレベルで存在するとシフリンが言うのは正しいと私は思う。これはとても重要な論点だ。われわれ人類が昔は集団として存在しなかったということは、集合的後世が存在しないという見込みに比べるとほとんど心をかき乱さない。このことは人類史の重要性をいかに理解すべきかに関する含意を持つ。私は第2講の中で〈われわれの評価活動は、人類の生命 human life が「いかなる個人の歴史をも超える……歴史と関わる継続する現象である」(二〇六頁)という想定に暗黙のうちに依存している〉と言った。そのとき私は「人類史」を、人類の過去と未来の両方を含む広い意味で理解していた。だがこのことは過去と未来の間の重要な相違を隠してしまう。シフリンが言うように、人類全体に適用されたルクレティウス的非対称性は次の相違の形で現われる。——もし人類に過去があったらその過去は重要だが、人類に未来があるにせよないにせよ未来は重要なのである——。むろんわれわれは人類に過去があったということを知っているのだから、過去も未来もともに重要だという結論になる。

死の恐怖と生の価値

ニコ・コロドニは彼らしく鋭利なコメントの中で、私が第3講で擁護したいくつかの見解について留保を表明する。彼はまず私に次の二つの主要な主張を帰する。

A　死がわれわれから人間的な善を「剝奪 deprive」することとは独立に、われわれは死を恐れるべき理由を持つ。なぜならそれはわれわれを「消滅 extinguish」させる、つまりわれわれがもはや存在しないということを生じさせるからである。

B　もしわれわれが決して死ななければ、われわれは生を生きることがない（強い結論）。あるいは価値ある生を生きることがない（弱い結論）。

そしてコロドニは私がBから二つの結論を導き出す（あるいは導き出すように見える）と言う。

C　決して死なずに生を生きるということ、あるいは決して死なずに価値ある生を生きるということは、概念的に首尾一貫しない。

D　決して死なないことはわれわれから生あるいは価値ある生を奪うから、われわれにとって破滅になる。

コロドニは三つの主要な考察を展開する。第一に、彼はAが持つ「驚くべき諸含意」を示唆する。第二に、CとDの解釈と含意についていくつかの問題を提起する。第三に、Bに対するいくつかの反論を述べ、それよりも擁護可能かもしれない弱いヴァージョンを示唆する。私は順にこれらの考察を考慮しよう。

1　コロドニは、Aは（彼が独立に説得力があると考えるいくつかの付加的前提と組み合わされると）彼がH、I、Jと呼ぶ三つの結論を含意すると論ずる。これらの結論が一緒になるとそれは次の主張に帰する。「われわれの死の恐怖は、さらなる生の善が剝奪される恐怖とは別物である限り、他のいかなる恐怖とも似ていないかもしれない。その恐怖の対象は、われわれが避けるべき理由を持たないもの、われわれにとっていかなる仕方でも悪くないもの、われわれがその過去における類似物のことを考えても全然不安にならないものである」（二五六―二五七頁）。この主張をQと呼ぶことにしよう。コロドニは、AはQを含意するのだから、そして私はAを主張するのだから、私はQにコミットしていると信じている。すでに述べたように、コロドニはQを驚くべき主張だと考えている。それでも彼は、たとえAがQを含意するとしてもそのことはAを反駁しないとも述べている。Qは結局のところ真かもしれなくて、それが真であるということはわれわれの死の恐怖の「独自性」の証拠となるにすぎないのかもしれないからである。

私は以上のこの考察にどう応えるべきかについて、二つの考えを持っている。一方で、コロドニが言うように、私が第3講でしようとしたことの一つは、死の恐怖の「独自の奇妙な性質」（二四二頁）をまさに強調することだった。死がどのような種類のものであるかを考えると、死の恐怖がさまざまの点で他のいかなる恐怖とも似ていないのは驚くべきことではない。コロドニが言うように、死は個人［人格］の消滅である。そして消滅は何にも似ていない。だから消滅の恐怖が他のいかなる恐怖とも似ていないとしてもそれは驚くべきことではない。Qはその事実を反映しているにすぎないのかもしれないのだ。

だが他方で、私は自分が本当にQにコミットしているとは確信していない。それには二つの理由がある。第一に、コロドニがAからQの三つの構成要素のうちの二つであるHとJに至る議論は、次の独立の前提に基づいている。

F 消滅それ自体を避けるべき利己的理由は存在しない。

コロドニがFを受け入れるのは、〈将来の悪が善をしのぐような不運な人にとって、死が消滅を含むという事実だけでは死を避けるべき利己的な理由を**何ら**提供しない〉と考えるからである。生の継続から予期される悪が善をしのぐという事実は単純にこの熟慮の問題を解決する、というわけだ。実際、コロドニはそう考えないことはカテゴリー・ミステイクを犯すことになると考えている。だが私は、それは明らかでないと思う。私にとっては、述べられたような状況でさえ、死が個人の消滅を含むという事実は死を避けるべき一考慮である――予期される善よりも予期される悪の方が十分に大きいならば覆されるような考慮だろうが――とみなす人がいるかもしれないと思われる。私はそのような人物が不合理だともカテゴリー・ミステイクを犯しているとも考えない。

この返答に対する一つの可能な再反論は、私は消滅の見込みが死を避けるべき理由を与えると解する際に、本当は未来の善の喪失として分類されるべきものを消滅の考慮という観念の中に密輸入している、と示唆することである。言い換えれば、私は暗黙のうちに〈消滅は私から未来の意識や自己意識のようなものを奪うことになる〉という事実に依拠している、というわけだ。しかしそれらのものが奪われるということが死を避けるべき理由として数えられるのは、それらが未来の善とみなされるからに違いない。そしてコロニの例では、これらや他の未来の善は、仮定上すでに考慮されていて未来の善をしのぐには足りないものと判断されているから、それらを再び考慮することは重複して勘定することになる。――さて私は、〈未来の意識と自己意識の剝奪が死を恐れるべき理由として数えられるのは、それらが未来の善とみなされるからに違いない〉という主張について確信が持てない。私には、その逆の向きが真であるということも少なくとも同じくらい説得的だと思われる。つまり、未来の意識と自己意識の剝奪が悪として数えられるのは、それらが、回避すべき理由を人が持つところのものだからなのだ。この返答はそれにもかかわらず、〈消滅という名の下に考えられることと未来の剝奪という名の下に考えられることの間には、明確な区別が本当は存在しない〉ということを示す。そしてそれは、私が本当にQにコミットしているかどうかを疑う第二の理由につながる。

その理由は単純に言えば、コロドニがAを私の主要な二つのテーゼの一つと理解しているという事実にもかかわらず、私はAを受け入れているとは確信していない、というものである。まず、Aの最初の部分である「われわれは死を恐れるべき理由を持つ」というフレーズは注意深く取り扱う必要がある。死を恐れる人もいれば、恐れない人もいる。前者の人々の間でも、そのすべてが同一のものを恐れるわけではない。だから「死の恐怖」は統一された現象ではないかもしれない。たとえばある人々が恐れているのは死ぬという過程が苦痛で尊厳がないだろうということかもしれない。別の人々はその代わりに、死んでいるという経験が不愉快なものだろうということを、混乱した仕方ではあるが恐れているのかもしれない。別の人々は、死んだとき自分に何が起きるのか確信が持てないので不安なのかもしれない。また別の人々は、自分が証人や参加者になりたいと切望している未来の出来事を見られないことを恐れているのかもしれない。しかしまた、(全部ではないが)多くの人々を襲う別の種類の恐れもある。その恐怖——一種のパニックでさえある——は、自分自身が単純に存在をやめることになるという思いが引き起こすものだ。私の疑問は〈この種の恐怖はそれに襲われる人々にとって合理的なものでありうるか〉というものだった。私はこれに対する肯定的な回答を擁護したが、そのような恐怖に襲われない人々が不合理だと示唆するつもりもなかった。またこの種の恐怖がいかなる状況でも合理的だと示唆するつもりもなかった。私があげたエピクロス派の拷問者の例［一四〇—一四一頁］

は、死を歓迎したりそれどころか切望したりするのが合理的である状況が存在すると私が考えているという事情を示すためのものだった。

Aはさらに〈われわれが死を恐れるべき理由は、死がわれわれから未来の善を奪うという事実とは独立している〉と断定する。これは私が提唱したいと思ういかなる主張よりも強いものだ。私の理解するところでは、通常理解される剝奪説は、死がその本人にとってなぜ悪いのかを説明しようとする。死が悪いのは、それがその人から将来の善を奪うからである。通常剝奪説は、死の恐怖がなぜ合理的なのかの説明としては提出されていないが、もしそのように解するとしたら、剝奪説はおそらく、〈死は人から未来の善を奪うから、死を恐れることは合理的である〉と言うだろう。これを剝奪説第Ⅱ部、あるいは単純にDTⅡと呼ぶことにする。私の考えは〈死が自分から未来の善を奪うことになるという理由で実際に死を恐れる人々もいるが、私が考察してきた種類の恐怖をそのようにして記述するのは不自然と思われる〉というものだった。だから一見するとDTⅡは十分満足すべきものではない。

この理由は部分的には「剝奪 deprivation」という言葉の含みによるのかもしれない。われわれがある人は何かを奪われたと言うとき、ある文脈では、その人にはそのものへの権限があったとか、それを得られるという認識的に正当化できる期待があったとかいうことが示唆されているかもしれない。しかしわれわれが死を恐れる限りでは、一般的にその理由は、われわれには死を免れる権限があると考えているとか、われわれは死を避けられるという認識的に正当化される期待を持っていたからとかいうものではない。だから剥奪について語ることはここではミスリーディングかもしれない。さらにそのような語り方は、われわれが今保持しているが死ぬと保持しなくなる善と、われわれが今保持していないがもし長生きしたら保持することになる善とを区別していない。私が関心を持っている種類の恐怖は後者よりも前者に焦点を当てている。それは私自身が単純に存在しなくなるという認識への反応なのである。だから私は〈この種の恐怖の対象は、私自身——私の思考の思考者、私の知覚の知覚者——が単純に存在しないこと、私の心理的・身体的生が終わること、私が消滅することである〉と言う方が自然だと思う。私はこの思いを十分理解できるような感情的・概念的資源を持っていない。そのことが恐怖を引きおこすのである。

さておそらく最終的には、私の留保にもかかわらず、この種の恐怖もＤＴⅡの傘の下に入れられるかもしれない。それは、ＤＴⅡをそのような恐怖の性質を十分に説明して、「剥奪」という言葉のミスリーディングになりうる連想を除去するような仕方で解釈できるか否かにかかっている。おそらくたとえば、「剥奪」という言葉自体を避けるような仕方でＤＴⅡを再定式化すべきかもしれない。おそらくＤＴⅡは〈われわれは死を恐れるべき理由を持っている。なぜなら死が意味するのは、未来において私は、（ａ）現在持っており、そして（ｂ）私が死ななければ持ち続けるはずの、ある善（その中には意識と自己意識という善も含まれる〉を持たないということだからである〉という主張として解釈されるべきかもしれない。私が自分の消滅あるいは終止の見込みを恐れる限りにおいて、おそらくその恐れは、結局のところ、私がある善を未来において保持しないという見込みを恐れるということと同じなのかもしれない。私はこれらの主張が真理であるかどうかについて中立的だ。もし剝奪説の擁護者がそれらは真理だと確証できるとしたら、私はAのように〈われわれが死を恐れる理由は未来の善に関する考慮から独立している〉と言いはるつもりはない。私が関心を持っているのは、われわれの死の恐怖の対象を適切に同定することだけだ。私は〈われわれは、合理的であるか否かが問題になっている種類の恐怖を正確に特徴づけた〉という確信が欲しいのである。

2　私は第3講でこう書いた。「自分の生がいつまでも続きうるということをわれわれの多くは時として望みたくなるが、その時われわれがしばしば望んでいるのは、自分が今送っている生の何らかのヴァージョンが終わりなしに続くということである。その生は改良ヴァージョンかもしれないが、ともかく認知可能なヴァージョンだ。しかしもし私の言ってきたことが大体において正しいとしたら、その願望は混乱していることになる」(一六〇頁)。それが混乱しているのは、永遠の生存というものはわれわれが今送っている生を可能にする諸条件を掘り崩すからである。コロドニは問う。そこから何が導かれるか?

と私は考える。しかし永遠の生存がわれわれの現在送っている諸条件を掘り崩すという事実を残念に思うのは、彼が示唆する通り不合理ではない。〈両方を手に入れるのは概念的に不可能である〉という事実を残念に思うのは不合理ではないのである。コロドニは続けて問う。もし仮説上、価値ある不死の生が概念的に不可能であり、決して死なないことがわれわれにとって破滅だとしたら、価値ある不死の生への欲求と決して死にたくないという欲求がこれほど広く見られるという事実をわれわれはどう説明すべきか？　私の説明は、〈これらの欲求がこれほど強烈で広く見られるという事実は、生きていることをわれわれがいかに愛しているかを示すものである〉というものだ。生きていることをわれわれが愛しているために、ある点では不合理な、あるいは混乱した、諸欲求を形成するに至るということは全然驚くべきことではない。コロドニは〈もしわれわれが、人々は永遠の時間を望むのではなくて単に自分が持つ以上の時間を望んでいるにすぎないと解釈すれば、人々に合理的な欲求構造を帰することができる〉と示唆する。私はこの代替的な欲求構造が合理的であるということに賛成する。しかし〈永遠の生への欲求が不合理だとしてもその欲求を人々に帰そう〉という発想について、私は彼ほど不満を持たないから、私がそうすべきだとおそらく彼が考えているほどには、私は〈人々はその欲求を全然持っていない〉と主張すべきプレッシャーを感じない。(6)

3　コロドニはBを支持する議論に納得しない。その一つの議論は〈生（あるいは価値ある生）は段階を経た進行を要請する〉というものである。コロドニは、終わりのない生は段階を経る進行を含みうると答える。第二の議論は〈生（あるいは価値ある生）は喪失や病気や怪我や害悪やリスクや危険の可能性を要請するが、これらの概念はその内容の多くを死の可能性から引き出している〉というものである。コロドニは、それにもかかわらずその内容の多くは死の可能性から独立していると答える。第三の議論は〈時間の希少性は評価することの必要条件だ〉というものである。コロドニは、永遠の生さえも何らかの形の時間の希少性に服すると答える。

しかしながら、私の第一の議論は、単にわれわれの生は段階を経た進行を含むというものではなくて、「われわれは人間の生を、誕生に始まり死に終わる諸段階を持つものとして理解している」、そしてこの理解はわれわれの価値の内容にどこでも影響を及ぼしている、というものだった。終わりなき生はこの種の軌跡を持てないのである。

一方、私の第二の議論は、もしわれわれが不死だとしたら、問題になっている諸概念はその内容を何ら保持しないと否定するものではない。しかしそれは、どのくらい保持するかは本当の問題であるとは主張する。コロドニは不死の条件下でも存続すると彼が信ずるさまざまの形態の害悪あるいは不運をあげる。彼はおそらくそれらの中のいくつかについては正しいのだろうが、私の論点は、それは一見して思われるかもしれないほど明らかではない、ということである。彼があげる例の三つをとれば、不名誉・評判の喪失・恥辱というわれわれの経験は、未来の生を善く生きるとは何を意味するかに関するわれわれの理解を反映している。これらの経験は部分的には自己査定の態度によって構成されるもので、典型的には、他の人々との相互関係と、われわれが自分の周囲の人々に対してとる態度とによって生み出される。そのようなものだから、それらの経験はわれわれの自己感覚と、われわれが実現しようと望む諸理想と、われわれが社会的な世界の中で占めたいと望む位置とに大きく依存している。ところが永遠に存在する人々にとっての生の条件はわれわれのものとは大変かけ離れているので、そのような存在が持ちうる自己感覚や、彼らの社会的世界がどのようなものかや、彼らの自分自身に対する態度が他の人々の態度にどのように依存しているかについて、おぼろげにさえも理解に達することは難しい。この理由から、不名誉や評判や恥辱といった概念の内容を、われわれの現在の理解によって決定されているものとしてまず取り扱い、それから有限性の想定を想像上除去して、これらの概念をそのままの形で永遠の生に適用することは間違いである、と私には思われる。これらの概念の内容はわれわれが死すべき存在だということへの明示的言及なしにも特定できるが、それにもかかわらず、それらは死すべき生の文脈の中で内容を得ている。そして不死の存在者がこれらの概念をそもそも発展させるかどうか、またもし発展させるとしても、それらが彼らの態度や熟慮の中でいかなる役割を果たすかについて、われわれは確信を持つことができない。もっと一般的に言って、われわれの社会的世界の中でこれほど中心にある諸価値が、不死の生の中で同じような役割――あるいは何らかの役割――を果たすということも単純に想定できないのである。

最後［第三］に、ある種の時間的希少性が不死の生の中にも存続するはずだという観察は真ではあるが、その意義は不明確だと私には思われる。まず一つのアナロジーを考えてみよう。ヒュームは物質的資源の穏やかな希少性が正義の状況の中に含まれると考えた。資源が無限にあるとしたら、正義の徳はその意義を失うというのである。誰かがそれに返答して、資源が無限にあってもある形態の希少性は存続するかもしれないと言うかもしれない。たとえば誰にとっても簡単に手に入れられるグレープフルーツが無限に存在する世界の中でさえ、特定のグレープフルーツを消費する機会はやはり限られているだろう。このことは、ヒュームが念頭に置いていた穏やかな希少性が本当は正義の状況の中にはないということを示すだろうか？　そうではない。ヒュームの考える穏やかな希少性は、やはり正義の意義の基礎にある種類の希少性かもしれない。同様に、私の主張は〈終わりなき生の中には「時間の希少性」と呼べるものが全然存在しない〉というものではなく、むしろ〈われわれの現実の生の有限性は、時間の希少性の特別に重要で必然的な一形態を表現している〉というものだ。私の推測では、この種の希少性は、評価するという態度がどのようにして人間の生の中でこれほど重要な役割を果たすのかを説明する役に立つものである。この種の希少性がなかったら、われわれが価値ある諸理想によってそもそもどの程度まで導かれるのかが全然明らかでない。〈永遠の生の中でも、他のものがやはり時間の希少性の諸形態とみなされるだろう〉というだけでは何も解決されない。

しかしながらコロドニの論点は〈永遠の生の中にも何らかの形態の時間的希少性があるだろう〉ということだけではなく、〈この形態の希少性に服する、**価値ある**ものがあるだろう〉ということだった。さっき述べた比較で言えば、特定のグレープフルーツは他のいかなるグレープフルーツと比べても特別の価値を持っているわけではないが、それと対照的に、コロドニは〈特定の結婚相手とか、特定の事物を発見する、あるいは特定の発明を行う機会のような、位置にかかわる財については、永遠の生も時間の希少性に服するかもしれない〉と示唆する。同様にして、人は自分の愛する誰かと永遠に離別するというリスクを持っているかもしれない。

こういった例を考える際の一つの問題は、自分が示そうとしている当の結論を考察の中に密輸入していないかどうかを確信するのが難しい、ということである。なぜなら、われわれは死すべきものであるという認識がわれわれの思考の中に深く浸透しきっているので、永遠に存在する人々の生がどんなものかを想像する際、自分はその影響の痕跡をすべて消し去っていると確信することが難しいからである。だからたとえば、永遠に存在する人々が、われわれが結婚と呼ぶ独特の種類の人格的パートナーシップを作ろうと考えるかどうか、あるいはいかなる生物的・感情的・実践的命令が彼らを導いてそうさせうるかは、私には決して明らかでない。実際、彼らが愛情やその他の価値ある愛着のわれわれが慣れ親しんでいる諸形態に服するということさえ、確信するのは難しい。私が測定しがたい程度まで、選択的愛着のこれらの形態それ自体が、時間の希少性というおなじみの事実によって、つまり〈われわれは自分が持っている時間の中で、少数の人々としか交流したり一緒に時間を過ごしたりすることができない〉という認識によって、形成されているのである。

もっと一般的に言って、永遠に存在する人々の実践的思考がいかなるものか、またいかなる種類の物事が彼らにとって行動の理由となるのかをはっきりと理解することは難しいと私は思う。おそわくわれわれは、〈あるヴァージョンの永遠の生においては、（特定の人々との永遠の離別の見込みのように）死がもたらす効果に似ていて、私が重要だと信ずる種類の時間的希少性に似たものを、それゆえ再興する状況があるかもしれない〉と想像できる。むろん、われわれが主張するそのような状況の数が大きければ大きいほど、その帰結として考えられる永遠の生の形態は、人々をして不死を憧れさせてきた希望や願望に応えることが少なくなるだろう。私はそれでも、〈永遠に生きる人々が服するような時間的希少性の諸形態の中には、価値概念を発展させてそれを彼らの世界に適用するような程度に彼らにプレッシャーをかけるものがあるかもしれない〉と譲歩する。そうではあっても私は、われわれの生の有限性はわれわれの価値概念の現実の発展と使用に極めて強力な影響を及ぼしていると確信している。少なくともわれわれは、〈時間的希少性のこの特定の形態に服さない人々も、われわれの持っている諸価値のような価値を持つだろう〉と考えるべき十分な理由を持っていない。

コロドニはBに対する彼の反論に照らして、もっと擁護しやすい一方で私の目的に同じくらい役立つかもしれない、もっと弱い二つのテーゼを示唆する。その第一のものはこうだ。

M　もしわれわれが決して死なないとしたら、われわれは**人間的な** *human* 生を、あるいは**人間的な**価値ある生を、送ることがない。なぜなら永遠に続く生は**人間的な**生ではない、あるいは**人間的な**価値ある生ではないからである。

それよりも一層よいのは次のテーゼだとコロドニは考える。

N　われわれが不死だとしたら、われわれが今送りつつある生は、**現実にある通りの諸価値**を持ち続けることができない。なぜなら**それらの**価値はわれわれの死を前提しているからである。

さてむろん、Bはそもそも私の定式化ではなかった。それは私が主張していると彼が理解したものを表現しているのだ。その理解は不合理ではない――ただし彼が脚注の中で述べているように、私が「人間的」という用語をしばしば用いたことは何かMに近いことを示唆しているが。しかしコロドニは、Mは私が避けたがっていた何ものかに近すぎるように聞こえると心配する。それは人間的という言葉の「規約的定義に基づくトリヴィアルな真理」(一六〇頁)に近すぎるように聞こえる、というのだ。そのために彼はNの方を選ぶ。私はこの二つの命題が実践的あるいは感情的な相違を大してもたらさないかもしれないということについて彼に賛成する。それでも、私は自分の立場が擁護可能だと考えたいし、それを明確に述べることは重要だ。すると私が言いたいことは次の通りである。――もしわれわれが決して死なないとしたら、われわれが生きることになる生は、現在われわれの生を組織している種類の価値によっても、過去や現在の他の人間の生を組織している種類の価値によっても、組織されないだろう。さらに、われわれがそもそも価値ある生をどの程度生きることになるのかも決して明らかでない。ともかく実際に明らかであるのは、そのときわれわれは自分たちが現在「生」と考えているものに似た生を決して送らないだろう、ということである。だからわれわれが今送っている生が永遠に続くかもしれないというファンタジーは内在的に混乱していて、原理的に満たすことができないのである。

注

（1）ジェイムズの小説の中でセオ・ファロンが、一部の人々を「普遍的アンニュイ」から免れさせるものは「外部の大変動にもびくともしないほど強い自己中心性」（*The Children of Men*, 9）だと述べていることは述べるに値するかもしれない。ファロンはアンニュイそれ自体が自己中心性の表われだとは言っていない。

（2）ドゥームズデイや不妊のシナリオの下では目標志向のプロジェクトの多くが追求に値しなくなるだろうという私の観察にウルフも賛成する。しかし彼女は〈このことは、ある人の働いている会社が廃業したらその人は新しい仕事を見つけなければならないということ以上に驚くべきことではない〉と書いている。私は自分の観察がもっと深い意義を持っていると論じた。なぜならそれは、われわれがある目標は自分の生前は達成できないと思っていてもその目標達成には価値があると通常評価している程度を明らかにするからだ。ウルフはこれも驚くべきことでないと言う。しかしながら驚くべきことか否かはともかくとして、このことは、われわれの日常的なプロジェクトと活動の多くが人類の継続を当然の前提としているという事実と、その前提がわれわれにとってどれほど重要であるかとを示している。結局のところ、われわれによるプロジェクト選択は違うものだったかもしれない。われわれは〈自分自身の生前に十分実現されるだろうと合理的に期待できる目標だけを追求することが非常に重要である〉と考えるような動物でもありえたのだ。未来の世代に物事の完成を委ねる人々は失敗しているとか無思慮だとか不運だとかみなされたかもしれない。しかし実際はそうなっていない。われわれは〈完全な実現のために——もしそれが可能だとして——自分の死後長い間経った他の人々の力が必要であるような、価値ある目標のための努力には価値がある〉ということを当然視している。

(3) ここにはもう一つの論点がある。〈われわれはたとえば文学の価値への確信を失うだろう〉と言うことと、〈われわれは自分自身が小説を読むことの価値への確信を失うだろう〉と言うこととの間には少なくとも表面上の相違がある。あるいはまた、音楽の価値への確信の欠如と、音楽を聴くことの価値への確信の欠如との間にも。私の一次的な推測は、不妊のシナリオの下ではわれわれの活動の価値への確信が失われると予測される、というものだったが、私はその区別について明確でもなければ、十分に一貫してもいなかった。そして〈われわれは音楽を聴くことの価値への確信を失うだろう〉という断言からは、〈われわれは音楽の価値への確信を失うだろう〉ということは出てこないかもしれない。音楽は価値を失わないが、われわれ自身の活動はもはや音楽にアクセスしたりそれを実現したりすることができない、という可能性が残っているかもしれないからである。

(4) 本節の残りで私は単純化のために不妊のシナリオに集中するが、重要なことは何一つそれにかかっていない。

(5) これは私が他のところでもっと詳しく展開した論点だ。"Conceptions of Cosmopolitanism," *Utilitas* 11 (1999): 255-76, reprinted in *Boundaries and Allegiances* (New York: Oxford University Press, 2001), 111-30; "Immigration and the Significance of Culture," *Philosophy and Public Affairs* 35 (2007): 93-125, reprinted in *Equality and Tradition*, 256-86 を見よ。

(6) しかしながら、私が〈この欲求はある意味で不合理である〉と言いたくなるという事実は、私が第3講の最後のパラグラフで言ったことを改訂する必要を意味する。私はそこで、死に対するわれわれの態度が不合理なのはいかなる点においてか**だけ**を同定しようとしたのだった。

訳者あとがき

本書はバークレイ・タナー講義の一冊であるSamuel Scheffler, *Death and the Afterlife*（Oxford University Press）の全訳である。またフランクファートとコロドニによるコメントの節番号の下に付記したものも含めて、［　］内は訳者による補足である。

本書の寄稿者たちについては巻頭の紹介を読んでいただきたいが、著者シェフラー（一九五一年生まれ）は現在ニューヨーク大学教授で、単著には次のものがある（出版社はすべてオックスフォード大学出版局）。

The Rejection of Consequentialism（1982, rev. ed. 1994）
Human Morality（1992）
Boundaries and Allegiances: Problems of Justice and Responsibility in Liberal Thought（2001）
Equality and Tradition: Questions of Value in Moral and Political Theory（2010）
Death and the Afterlife（2013）本書
Why Worry about Future Generations?（2018）

これらの本の題名から想像できるように、シェフラーはプリンストン大学の博士論文となった帰結主義の批判的考察から学問的キャリアを始め、その後は道徳哲学・政治哲学の諸問題をロールズ派現代リベラリズムの観点から論じてきた。しかし本書（とその後の二〇一八年の書物）はそれらとはかなり毛色が異なっている。

シェフラーの単著が日本語に訳されるのはこれが最初である。ただしすでに同じバークレイ・タナー講義に基づくデレク・パーフィットの『重要なことについて』第1巻・第2巻（勁草書房、二〇二二年）の編者としてその本に寄稿した「序論」が訳されている。

本書の内容については編者コロドニによる「序論」が紹介しており、また著者自身も「日本語版への序文」でごく簡潔にまとめているので再論しない。ともかく第1講と第2講「後世」では、われわれの生の価値の多くが自分たちの死後の人々の生存に依存しているというテーゼが展開され、第3講「恐怖と死と信頼」ではそれと対照的に、われわれがいつかは死ぬことがわれわれの生に人間的な価値を与えていると説かれる。この三つの講義に続く四人の哲学者の鋭利なコメントと彼らに対するシェフラーのリプライは、本書の議論を一層明確化するとともに深めることにもなっている。

第3講の〈個人にとっての死の害悪あるいはその意義とその根拠〉という諸問題が、少なくとも古代のエピクロスとルクレティウス以後現代にいたるまで熱心に論じられてきた一方、第1・第2講の〈個人にとっての遠い死後の人々の存続の価値〉というテーマは、示唆的あるいは断片的には触れられることがあっても、これほど本格的に論じられたのは初めてだろう。そのため本書は哲学界でかなりの関心を集めることになった。

原書のカバーから引用すると、オックスフォード大学のデレク・パーフィットは本書を「真にすばらしく、極めて重要な書物」と賞賛し、イェール大学のスティーヴン・ダーウォルは「これは私が最近長い間読んだ中で、最も興味深く最もよく書かれた哲学書の一つである。シェフラーの本書は根本的な発想において全く独創的であり、分析と議論において鋭く、定式化において簡潔であると同時に時として美しい」と書いた。

本書の内容に関する私自身の考えは、論文集『自由と正義と幸福と』（信山社、二〇二一年）に収録した「未来世代に配慮すべきもう一つの理由」と「不死と幸福」という二編の論文の中で述べたので、関心を持つ人は読んでいただければ幸いだ。前者の論文では第1講と第2講の内容を気候正義の問題に適用して、われわれは未来世代に対して道徳的な配慮の義務を負うだけでなく、彼らの生存を望むべき自己利益的な理由も持っていると主張した。他方後者の論文では、不死の生は人間にとって望ましいものではないとする「気難し屋」の議論の一典型として第3講に批判を加え、不老不死の生に関する楽観主義を擁護した。両者を合わせると私の主張は〈われわれの遠い死後も人類が生存することはわれわれにとって重要だが、だからといって死の存在が自分の生の価値にとって不可欠だということにはならない〉というものである。

シェフラーは本書の後出版した『なぜ未来世代を気にかけるのか？』で、未来世代を配慮すべき理由をもっと明示的に分類するなど、「後世」の内容をさらに敷衍している。なお「恐怖と死と信頼」のテーマについて日本語で読める哲学文献として、本書で言及されているネーゲルやパーフィットやケーガンの著作に加えて、ジョセフ・ラズ『価値があるとはどのようなことか』（ちくま学芸文庫、二〇二二年）の第3章「生きていることの価値」も有益である。

この訳書はちくま学芸文庫編集部の北村善洋さんの賛同を受けて出してもらえることになった。また著者のシェフラー教授からはわざわざ日本語版への序文もいただいた。おかげでこの理論上独創的で実践上大きな意義を持つ哲学書を日本でも広く読めるようにできて、本書を最初読んだ時以来の私の念願が叶えられたことになる。

二〇二三年春分の日

森村　進

マ 行

ヤ 行

ラ 行

人名索引（「n」は注を示す）

本書は、ちくま学芸文庫のために新たに訳出されたものである。

哲学入門
バートランド・ラッセル
高村夏輝訳
誰にも疑えない確かな知識など、この世にあるのだろうか。近代哲学が問い続けてきた諸問題を、これ以上なく明確に説く哲学入門書の最高傑作。

論理的原子論の哲学
バートランド・ラッセル
高村夏輝訳
世界は原子的事実で構成され論理的分析で解明しうる――急速な科学進歩の中で展開する分析哲学。現代哲学史上あまりに名高い講演録、本邦初訳。

現代哲学
バートランド・ラッセル
高村夏輝訳
世界の究極的あり方とは？　そこで人間はどう描けるのか？　現代哲学の始祖が、哲学と最新科学の知見を総動員。統一的な世界像を提示する。本邦初訳。

存在の大いなる連鎖
アーサー・O・ラヴジョイ
内藤健二訳
西洋人が無意識裡に抱き続けてきた「存在の大いなる連鎖」という観念。その痕跡をあらゆる学問分野に探り「観念史」研究を確立した名著。　（高山宏）

自発的隷従論
エティエンヌ・ド・ラ・ボエシ
山上浩嗣訳
西谷修監修
圧制は、支配される側の自発的な隷従によって永続する――支配・被支配構造の本質を喝破した古典的名著。20世紀の代表的な関連論考を併録。（西谷修）

アメリカを作った思想
ジェニファー・ラトナー＝ローゼンハーゲン
入江哲朗訳
「新世界」に投影された諸観念が合衆国を作り、社会に根づき、そして数多の運動を生んでゆく――。アメリカ思想の五〇〇年間を通観する新しい歴史。

価値があるとはどのようなことか
ジョセフ・ラズ
森村進／奥野久美恵訳
価値の普遍性はわれわれの偏好といかに調和されるか――。愛着・価値・尊重をめぐってなされる入念な考察。現代屈指の法哲学者による比類ない講義。

カリスマ
C・リンドホルム
森下伸也訳
集団における謎めいた現象「カリスマ」について多面的な考察を試み、ヒトラー、チャールズ・マンソンらを実例として分析の俎上に載せる。（大田俊寛）

自己言及性について
ニクラス・ルーマン
土方透／大澤善信訳
国家、宗教、芸術、愛……。私たちの社会を形づくるすべてを動態的・統一的に扱う理論は可能か？　20世紀社会学の頂点をなすルーマン理論への招待。

工場日記
シモーヌ・ヴェイユ
田辺保訳
人間のありのままの姿を知り、愛し、そこで生きたい――女工となった哲学者が、極限の状況で自己犠牲と献身について考え抜き、克明に綴った、魂の記録。

青色本
L・ウィトゲンシュタイン
大森荘蔵訳
「語の意味とは何か」。端的な問いかけで始まるこのコンパクトな書は、初めて読むウィトゲンシュタインとして最適な一冊。（野矢茂樹）

法の概念〔第3版〕
H・L・A・ハート
長谷部恭男訳
法とは何か。ルールの秩序という観念でこの難問に立ち向かい、法哲学の新たな地平を拓いた名著。批判に応える「後記」を含め、平明な新訳でおくる。

生き方について哲学は何が言えるか
バーナド・ウィリアムズ
森際康友／下川潔訳
倫理学の中心的な諸問題を深い学識と鋭い眼差しで再検討した現代における古典的名著。倫理学はいかに変貌すべきか、新たな方向づけを試みる。

思考の技法
グレアム・ウォーラス
松本剛史訳
知的創造を四段階に分け、危機の時代を打破する真の思考のあり方を究明する。『アイデアのつくり方』の源となった先駆的名著、本邦初訳。（平石耕）

ポパーとウィトゲンシュタインとのあいだで交わされた世上名高い10分間の大激論の謎
デヴィッド・エドモンズ／ジョン・エーディナウ
二木麻里訳
このすれ違いは避けられない運命だった？　二人の思想の歩み、そして大激論の真相に、ウィーン学団の人間模様やヨーロッパの歴史的背景から迫る。

言語・真理・論理
A・J・エイヤー
吉田夏彦訳
無意味な形而上学を追放し、〈分析的命題〉か〈経験的仮説〉のみを哲学的に有意義な命題として扱おう。初期論理実証主義の代表作。（青山拓央）

大衆の反逆
オルテガ・イ・ガセット
神吉敬三訳
二〇世紀の初頭、《大衆》という現象の出現とその功罪を論じながら、自ら進んで困難に立ち向かう《真の貴族》という概念を対置した警世の書。

啓蒙主義の哲学（上）
エルンスト・カッシーラー
中野好之訳
理性と科学を「人間の最高の力」とみなし近代を準備した啓蒙主義。「浅薄な過去の思想」との従来評価を覆し、再評価を打ち立てた古典的名著。

啓蒙主義の哲学(下)
エルンスト・カッシーラー
中野好之訳

啓蒙主義を貫く思想原理とは何か。自然観、人間観から宗教、国家、芸術まで、その統一的結びつきを鋭い批判的洞察で解明する。（鷲見洋一）

近代世界の公共宗教
ホセ・カサノヴァ
津城寛文訳

一九八〇年代に顕著となった宗教の〈脱私事化〉。五つの事例をもとに近代における宗教の役割と世俗化の意味を再考する。宗教社会学の一大成果。

死にいたる病
S・キルケゴール
桝田啓三郎訳

死にいたる病とは絶望であり、絶望を深く自覚し神の前に自己をすてる。実存的な思索の深まりをデンマーク語原著から訳出し、詳細な注を付す。

世界制作の方法
ネルソン・グッドマン
菅野盾樹訳

世界は「ある」のではなく、「制作」されるのだ。芸術・科学・日常経験・知覚など、幅広い分野で徹底した思索を行ったアメリカ現代哲学の重要著作。

新編 現代の君主
アントニオ・グラムシ
上村忠男編訳

労働運動を組織しイタリア共産党を指導したグラムシ。獄中で綴られたそのテキストから、いま読み直されるべき重要な29篇を選りすぐり注解する。

孤島
ジャン・グルニエ
井上究一郎訳

「島」とは孤独な人間の謂。透徹した精神のもと、話者の綴る思念と経験が啓示を放つ。カミュが本書との出会いを回想した序文を付す。（松浦寿輝）

ウィトゲンシュタインのパラドックス
ソール・A・クリプキ
黒崎宏訳

規則は行為の仕方を決定できない――このパラドックスの懐疑的解決こそ、『哲学探究』の核心である。異能の哲学者によるウィトゲンシュタイン解釈。

ハイデッガー『存在と時間』註解
マイケル・ゲルヴェン
長谷川西涯訳

難解をもって知られる『存在と時間』全八三節の思考を、初学者にも一歩一歩追体験させ、高度な内容を読者に確信させ納得させる唯一の註解書。

色彩論
ゲーテ
木村直司訳

数学的・機械論的近代自然科学と一線を画し、自然の中に「精神」を読みとろうとする特異で巨大な自然観を示した思想家・ゲーテの不朽の業績。